D1765305

COLLECTION
FOLIO/ESSAIS

# Albert Camus

# Actuelles

## Écrits politiques

Gallimard

*Dans la même collection*

**L'ENVERS ET L'ENDROIT**, *n° 41*.
**L'HOMME RÉVOLTÉ**, *n° 15*.
**LE MYTHE DE SISYPHE**, *n° 11*.
**CHRONIQUES ALGÉRIENNES 1939-1958**, *n° 400*.

« Je fus placé à mi-distance de la misère et du soleil », écrit Albert Camus dans *L'envers et l'endroit*. Il est né dans un domaine viticole près de Mondovi, dans le département de Constantine, en Algérie. Son père a été blessé mortellement à la bataille de la Marne, en 1914. Une enfance misérable à Alger, un instituteur, M. Germain, puis un professeur, Jean Grenier, qui savent reconnaître ses dons, la tuberculose, qui se déclare précocement et qui, avec le sentiment tragique qu'il appelle l'absurde, lui donne un désir désespéré de vivre, telles sont les données qui vont forger sa personnalité. Il écrit, devient journaliste, anime des troupes théâtrales et une maison de la culture, fait de la politique. Ses campagnes à *Alger Républicain* pour dénoncer la misère des musulmans lui valent d'être obligé de quitter l'Algérie, où l'on ne veut plus lui donner de travail. Pendant la guerre en France, il devient un des animateurs du journal clandestin *Combat*. À la Libération, *Combat*, dont il est le rédacteur en chef, est un quotidien qui, par son ton et son exigence, fait date dans l'histoire de la presse.

Mais c'est l'écrivain qui, déjà, s'impose comme un des chefs de file de sa génération. À Alger, il avait publié *Noces* et *L'envers et l'endroit*. Rattaché à tort au mouvement existentialiste qui atteint son apogée au lendemain de la guerre, Albert Camus écrit en fait une œuvre articulée autour de l'absurde et de la révolte. C'est peut-être Faulkner qui en a le mieux résumé le sens général : « Camus disait que le seul rôle véritable de l'homme, né dans un monde absurde, était de vivre, d'avoir conscience de sa vie, de sa révolte, de sa liberté. » Et Camus lui-même a expliqué comment il avait conçu l'ensemble de son œuvre : « Je voulais d'abord exprimer la négation. Sous trois formes. Romanesque : ce fut *L'étranger*. Dramatique : *Caligula, Le malentendu*. Idéologique : *Le mythe de Sisyphe*. Je prévoyais le positif sous trois formes encore. Romanesque : *La peste*. Dramatique : *L'état de siège* et *Les justes*. Idéologique : *L'homme révolté*. J'entrevoyais déjà une troisième couche autour du thème de l'amour. »

*La peste*, ainsi, commencée en 1941, à Oran, ville qui servira de décor au roman, symbolise le Mal, un peu comme *Moby Dick* dont le mythe bouleverse Camus. Contre la peste, des hommes vont adopter diverses attitudes et montrer que l'homme n'est pas entièrement impuissant en face du sort qui lui est fait. Ce roman de la séparation, du malheur et de l'espérance, rappelant de façon symbolique aux hommes de ce temps ce qu'ils venaient de vivre, connut un immense succès.

*L'homme révolté*, en 1951, ne dit pas autre chose. « J'ai voulu dire la vérité sans cesser d'être généreux », écrit Camus qui dit aussi de cet essai, qui lui valut beaucoup d'inimitiés et le brouilla notamment avec les surréalistes et avec Sartre : « Le jour où le crime se pare des dépouilles de l'innocence, par un curieux renversement qui est propre à notre temps, c'est l'innocence qui est sommée de fournir ses justifications. L'ambition de cet essai serait d'accepter et d'examiner cet étrange défi. »

Cinq ans plus tard, *La chute* semble le fruit amer du temps des désillusions, de la retraite, de la solitude. *La chute* ne fait plus le procès du monde absurde où les hommes meurent et ne sont pas heureux. Cette fois, c'est la nature humaine qui est coupable. « Où commence la confession, ou l'accusation ? » écrit Camus lui-même de ce récit unique dans son œuvre. « Une seule vérité en tout cas, dans ce jeu de glaces étudié : la douleur et ce qu'elle promet. »

Un an plus tard, en 1957, le prix Nobel est décerné à Camus, pour ses livres et aussi, sans doute, pour ce combat qu'il n'a jamais cessé de mener contre tout ce qui veut écraser l'homme. On attendait un nouveau développement de son œuvre quand, le 4 janvier 1960, il trouve la mort dans un accident de voiture.

*A René Char*

*Il vaut mieux périr que haïr et crain-*
*dre ; il vaut mieux périr deux fois que se*
*faire haïr et redouter ; telle devra être*
*un jour la suprême maxime de toute*
*société organisée politiquement.*

Nietzsche.

## AVANT-PROPOS

Ce volume résume l'expérience d'un écrivain mêlé pendant quatre ans à la vie publique de son pays. On y trouvera un choix des éditoriaux publiés dans Combat jusqu'en 1946 et une série d'articles ou de témoignages suscités par l'actualité de 1946 à 1948. Il s'agit donc d'un bilan.

Cette expérience se solde, comme il est naturel, par la perte de quelques illusions et par le renforcement d'une conviction plus profonde. J'ai seulement veillé, comme je le devais, à ce que mon choix ne masque rien des positions qui me sont devenues étrangères. Un certain nombre des éditoriaux de Combat, par exemple, figurent ici non pour leur valeur, souvent relative, ni pour leur contenu qui, parfois, n'a plus mon accord, mais parce qu'ils m'ont paru significatifs. Pour un ou deux d'entre eux, à la vérité, je ne les relis pas aujourd'hui sans malaise, ni tristesse, et il m'a fallu faire effort pour les reproduire. Mais ce témoignage ne supportait aucune omission.

Je crois avoir fait ainsi la part de mes injustices. On verra seulement que j'ai laissé parler en même temps une conviction qui, elle du moins, n'a pas varié. Et, *pour finir, j'ai fait aussi la part de la fidélité et de l'espoir. C'est en ne refusant rien de ce qui a été pensé et vécu à cette époque, c'est en faisant l'aveu du doute et de la certitude, en consignant l'erreur qui, en politique, suit la conviction comme son ombre, que ce livre restera fidèle à une expérience qui fut celle de beaucoup de Français et d'Européens. Aussi longtemps que, serait-ce dans un seul esprit, la vérité sera acceptée pour ce qu'elle est et telle qu'elle est, il y aura place pour l'espoir.*

*Voilà pourquoi je n'approuve pas cet écrivain de talent qui, récemment invité à une conférence sur la culture européenne, refusait son concours en déclarant que cette culture, étouffée entre deux empires géants, était morte. Il est vrai sans doute qu'une part, au moins, de cette culture est morte le jour où cet écrivain forma en lui-même cette pensée. Mais, bien que ce livre soit composé d'écrits déjà anciens, il répond d'une certaine manière, me semble-t-il, à ce pessimisme. Le vrai désespoir ne naît pas devant une adversité obstinée, ni dans l'épuisement d'une lutte inégale. Il vient de ce qu'on ne connaît plus ses raisons de lutter et si, justement, il faut lutter. Les pages qui suivent disent simplement que si la lutte est difficile, les raisons de lutter, elles du moins, restent toujours claires.*

# LA LIBÉRATION DE PARIS

# LE SANG DE LA LIBERTÉ

(*Combat,* 24 août 1944.)

Paris fait feu de toutes ses balles dans la nuit d'août. Dans cet immense décor de pierres et d'eaux, tout autour de ce fleuve aux flots lourds d'histoire, les barricades de la liberté, une fois de plus, se sont dressées. Une fois de plus, la justice doit s'acheter avec le sang des hommes.

Nous connaissons trop ce combat, nous y sommes trop mêlés par la chair et par le cœur pour accepter, sans amertume, cette terrible condition. Mais nous connaissons trop aussi son enjeu et sa vérité pour refuser le difficile destin qu'il faut bien que nous soyons seuls à porter.

Le temps témoignera que les hommes de France ne voulaient pas tuer, et qu'ils sont entrés les mains pures dans une guerre qu'ils n'avaient pas choisie. Faut-il donc que leurs raisons aient été immenses pour qu'ils abattent soudain leurs poings sur les fusils et tirent sans arrêt, dans la nuit, sur ces soldats qui ont cru pendant deux ans que la guerre était facile.

Oui, leurs raisons sont immenses. Elles ont la dimension de l'espoir et la profondeur de la révolte. Elles sont les raisons de l'avenir pour un pays qu'on a

voulu maintenir pendant si longtemps dans la rumina-
tion morose de son passé. Paris se bat aujourd'hui
pour que la France puisse parler demain. Le peuple
est en armes ce soir parce qu'il espère une justice
pour demain. Quelques-uns vont disant que ce n'est
pas la peine et qu'avec de la patience Paris sera
délivré à peu de frais. Mais c'est qu'ils sentent
confusément combien de choses sont menacées par
cette insurrection, qui resteraient debout si tout se
passait autrement.

Il faut, au contraire, que cela devienne bien clair :
personne ne peut penser qu'une liberté, conquise
dans ces convulsions, aura le visage tranquille et
domestiqué que certains se plaisent à lui rêver. Ce
terrible enfantement est celui d'une révolution.

On ne peut pas espérer que des hommes qui ont
lutté quatre ans dans le silence et des jours entiers
dans le fracas du ciel et des fusils, consentent à voir
revenir les forces de la démission et de l'injustice
sous quelque forme que ce soit. On ne peut pas
s'attendre, eux qui sont les meilleurs, qu'ils acceptent à nouveau de faire ce qu'ont fait pendant vingt-
cinq ans les meilleurs et les purs, et qui consistait à
aimer en silence leur pays et à mépriser en silence
ses chefs. Le Paris qui se bat ce soir veut commander
demain. Non pour le pouvoir, mais pour la justice,
non pour la politique, mais pour la morale, non pour
la domination de leur pays, mais pour sa grandeur.

Notre conviction n'est pas que cela se fera, mais
que cela se fait aujourd'hui, dans la souffrance et
l'obstination du combat. Et c'est pourquoi, par-
dessus la peine des hommes, malgré le sang et la
colère, ces morts irremplaçables, ces blessures injus-

tes et ces balles aveugles, ce ne sont pas des paroles de regret, mais ce sont des mots d'espoir, d'un terrible espoir d'hommes isolés avec leur destin, qu'il faut prononcer.

Cet énorme Paris noir et chaud, avec ses deux orages dans le ciel et dans les rues, nous paraît, pour finir, plus illuminé que cette Ville Lumière que nous enviait le monde entier. Il éclate de tous les feux de l'espérance et de la douleur, il a la flamme du courage lucide, et tout l'éclat, non seulement de la libération, mais de la liberté prochaine.

## LA NUIT DE LA VÉRITÉ

(*Combat*, 25 août 1944.)

Tandis que les balles de la liberté sifflent encore dans la ville, les canons de la libération franchissent les portes de Paris, au milieu des cris et des fleurs. Dans la plus belle et la plus chaude des nuits d'août, le ciel de Paris mêle aux étoiles de toujours les balles traçantes, la fumée des incendies et les fusées multicolores de la joie populaire. Dans cette nuit sans égale s'achèvent quatre ans d'une histoire monstrueuse et d'une lutte indicible où la France était aux prises avec sa honte et sa fureur.

Ceux qui n'ont jamais désespéré d'eux-mêmes ni de leur pays trouvent sous ce ciel leur récompense. Cette nuit vaut bien un monde, c'est la nuit de la vérité. La vérité en armes et au combat, la vérité en force après avoir été si longtemps la vérité aux mains vides et à la poitrine découverte. Elle est partout dans cette nuit où peuple et canon grondent en même temps. Elle est la voix même de ce peuple et de ce canon, elle a le visage triomphant et épuisé des combattants de la rue, sous les balafres et la sueur. Oui, c'est bien la nuit de la vérité et de la seule qui soit valable, celle qui consent à lutter et à vaincre.

Il y a quatre ans, des hommes se sont levés au milieu des décombres et du désespoir et ont affirmé avec tranquillité que rien n'était perdu. Ils ont dit qu'il fallait continuer et que les forces du bien pouvaient toujours triompher des forces du mal à condition de payer le prix. Ils ont payé le prix. Et ce prix sans doute a été lourd, il a eu tout le poids du sang, l'affreuse pesanteur des prisons. Beaucoup de ces hommes sont morts, d'autres vivent depuis des années entre des murs aveugles. C'était le prix qu'il fallait payer. Mais ces mêmes hommes, s'ils le pouvaient, ne nous reprocheraient pas cette terrible et merveilleuse joie qui nous emplit comme une marée.

Car cette joie ne leur est pas infidèle. Elle les justifie au contraire et elle dit qu'ils ont eu raison. Unis dans la même souffrance pendant quatre ans, nous le sommes encore dans la même ivresse, nous avons gagné notre solidarité. Et nous reconnaissons avec étonnement dans cette nuit bouleversante que pendant quatre ans nous n'avons jamais été seuls. Nous avons vécu les années de la fraternité.

De durs combats nous attendent encore. Mais la paix reviendra sur cette terre éventrée et dans ces cœurs torturés d'espérances et de souvenirs. On ne peut pas toujours vivre de meurtres et de violence. Le bonheur, la juste tendresse, auront leur temps. Mais cette paix ne nous trouvera pas oublieux. Et pour certains d'entre nous, le visage de nos frères défigurés par les balles, la grande fraternité virile de ces années ne nous quitteront jamais. Que nos camarades morts gardent pour eux cette paix qui nous est promise dans la nuit haletante et qu'ils ont déjà conquise. Notre combat sera le leur.

Rien n'est donné aux hommes et le peu qu'ils peuvent conquérir se paye de morts injustes. Mais la grandeur de l'homme n'est pas là. Elle est dans sa décision d'être plus fort que sa condition. Et si sa condition est injuste, il n'a qu'une façon de la surmonter qui est d'être juste lui-même. Notre vérité de ce soir, celle qui plane dans ce ciel d'août, fait justement la consolation de l'homme. Et c'est la paix de notre cœur comme c'était celle de nos camarades morts de pouvoir dire devant la victoire revenue, sans esprit de retour ni de revendication : « Nous avons fait ce qu'il fallait. »

## LE TEMPS DU MÉPRIS

(*Combat*, 30 août 1944.)

Trente-quatre Français torturés, puis assassinés à Vincennes, ce sont là des mots qui ne disent rien si l'imagination n'y supplée pas. Et que voit l'imagination ? Deux hommes face à face dont l'un s'apprête à arracher les ongles d'un autre qui le regarde.

Ce n'est pas la première fois que ces insupportables images nous sont proposées. En 1933, a commencé une époque qu'un des plus grands parmi nous a justement appelée le temps du mépris. Et pendant dix ans, à chaque nouvelle que des êtres nus et désarmés avaient été patiemment mutilés par des hommes dont le visage était fait comme le nôtre, la tête nous tournait et nous demandions comment cela était possible.

Cela pourtant était possible. Pendant dix ans, cela a été possible et aujourd'hui, comme pour nous avertir que la victoire des armes ne triomphe pas de tout, voici encore des camarades éventrés, des membres déchiquetés et des yeux dont on a écrasé le regard à coups de talon. Et ceux qui ont fait cela savaient céder leur place dans le métro, tout comme Himmler, qui a fait de la torture une science et un métier, rentrait pourtant chez lui par la porte de derrière, la nuit, pour ne pas réveiller son canari favori.

Oui, cela était possible, nous le voyons trop bien. Mais tant de choses le sont et pourquoi avoir choisi de faire celle-ci plutôt qu'une autre ? C'est qu'il s'agissait de tuer l'esprit et d'humilier les âmes. Quand on croit à la force, on connaît bien son ennemi. Mille fusils braqués sur lui n'empêcheront pas un homme de croire en lui-même à la justice d'une cause. Et s'il meurt, d'autres justes diront « non » jusqu'à ce que la force se lasse. Tuer le juste ne suffit donc pas, il faut tuer son esprit pour que l'exemple d'un juste renonçant à la dignité de l'homme décourage tous les justes ensemble et la justice elle-même.

Depuis dix ans, un peuple s'est appliqué à cette destruction des âmes. Il était assez sûr de sa force pour croire que l'âme était désormais le seul obstacle et qu'il fallait s'occuper d'elle. Ils s'en sont occupés et, pour leur malheur, ils y ont quelquefois réussi. Ils savaient qu'il est toujours une heure de la journée et de la nuit où le plus courageux des hommes se sent lâche.

Ils ont toujours su attendre cette heure. Et à cette heure, ils ont cherché l'âme à travers les blessures du corps, ils l'ont rendue hagarde et folle, et, parfois, traîtresse et menteuse.

Qui oserait parler ici de pardon ? Puisque l'esprit a enfin compris qu'il ne pouvait vaincre l'épée que par l'épée, puisqu'il a pris les armes et atteint la victoire, qui voudrait lui demander d'oublier ? Ce n'est pas la haine qui parlera demain, mais la justice elle-même, fondée sur la mémoire. Et c'est de la justice la plus éternelle et la plus sacrée, que de pardonner peut-être pour tous ceux d'entre nous qui sont morts sans avoir parlé, avec la paix supérieure d'un cœur qui n'a jamais trahi, mais de frapper terriblement pour les plus courageux d'entre nous dont on a fait des lâches en dégradant leur âme, et qui sont morts désespérés, emportant dans un cœur pour toujours ravagé leur haine des autres et leur mépris d'eux-mêmes.

# LE JOURNALISME CRITIQUE

# CRITIQUE DE LA NOUVELLE PRESSE

(*Combat*, 31 août 1944.)

Puisque, entre l'insurrection et la guerre, une pause nous est aujourd'hui donnée, je voudrais parler d'une chose que je connais bien et qui me tient à cœur, je veux dire la presse. Et puisqu'il s'agit de cette nouvelle presse qui est sortie de la bataille de Paris, je voudrais en parler avec, en même temps, la fraternité et la clairvoyance que l'on doit à des camarades de combat.

Lorsque nous rédigions nos journaux dans la clandestinité, c'était naturellement sans histoires et sans déclarations de principe. Mais je sais que pour tous nos camarades de tous nos journaux, c'était avec un grand espoir secret. Nous avions l'espérance que ces hommes, qui avaient couru des dangers mortels au nom de quelques idées qui leur étaient chères, sauraient donner à leur pays la presse qu'il méritait et qu'il n'avait plus. Nous savions par expérience que la presse d'avant guerre était perdue dans son principe et dans sa morale. L'appétit de l'argent et l'indifférence aux choses de la grandeur avaient opéré en même temps pour donner à la France une presse qui, à de rares exceptions près, n'avait d'autre but que de grandir la puissance de quelques-uns et d'autre effet que d'avilir la moralité de tous. Il n'a donc pas été difficile à cette presse de devenir ce qu'elle a été de 1940 à 1944, c'est-à-dire la honte de ce pays.

Notre désir, d'autant plus profond qu'il était souvent muet, était de libérer les journaux de l'argent et de leur donner un ton et une vérité qui mettent le public à la hauteur de ce qu'il y a de meilleur en lui. Nous pensions alors qu'un pays vaut souvent ce que vaut la presse. Et s'il est vrai que les journaux sont la voix d'une nation, nous étions décidés, à notre place et pour notre faible part, à élever ce pays en élevant son langage. A tort ou à raison, c'est pour cela que beaucoup d'entre nous sont morts dans d'inimaginables conditions et que d'autres souffrent la solitude et les menaces de la prison.

En fait, nous avons seulement occupé des locaux, où nous avons confectionné des journaux que nous avons publiés en plcine bataille. C'est une grande victoire et, de ce point de vue, les journalistes de la Résistance ont montré un courage et une volonté qui méritent le respect de tous. Mais, et je m'excuse de le dire au milieu de l'enthousiasme général, cela est peu de chose puisque tout reste à faire. Nous avons conquis les moyens de faire cette révolution profonde que nous désirions. Encore faut-il que nous la fassions vraiment. Et pour tout dire d'un mot, la presse libérée, telle qu'elle se présente à Paris après une dizaine de numéros, n'est pas très satisfaisante.

Ce que je me propose de dire dans cet article et dans ceux qui suivront, je voudrais qu'on le prenne bien. Je parle au nom d'une fraternité de combat et personne n'est ici visé en particulier. Les critiques qu'il est possible de faire s'adressent à toute la presse sans exception, et nous nous y comprenons. Dira-t-on que cela est prématuré, qu'il faut laisser à nos journaux le temps de s'organiser avant de faire cet examen de conscience ? La réponse est « non ».

Nous sommes bien placés pour savoir dans quelles incroyables conditions nos journaux ont été fabriqués. Mais la question n'est pas là. Elle est dans un certain ton qu'il était possible d'adopter dès le début et qui ne l'a pas été. C'est au contraire au moment où cette presse est en train de se faire, où elle va prendre son visage définitif qu'il importe qu'elle s'examine. Elle saura mieux ce qu'elle veut être et elle le deviendra.

Que voulions-nous ? Une presse claire et virile, au langage respectable. Pour des hommes qui, pendant des années, écrivant un article, savaient que cet article pouvait se payer de la prison et de la mort, il était évident que les mots avaient leur valeur et qu'ils devaient être réfléchis. C'est cette responsabilité du journaliste devant le public qu'ils voulaient restaurer.

Or, dans la hâte, la colère ou le délire de notre offensive, nos journaux ont péché par paresse. Le corps, dans ces journées, a tant travaillé que l'esprit a perdu de sa vigilance. Je dirai ici en général ce que je me propose ensuite de détailler : beaucoup de nos journaux ont repris des formules qu'on croyait périmées et n'ont pas craint les excès de la rhétorique ou les appels à cette sensibilité de midinette qui faisaient, avant la déclaration de guerre ou après, le plus clair de nos journaux.

Dans le premier cas, il faut que nous nous persuadions bien que nous réalisons seulement le décalque, avec une symétrie inverse, de la presse d'occupation. Dans le deuxième cas, nous reprenons, par esprit de facilité, des formules et des idées qui menacent la moralité même de la presse et du pays. Rien de tout cela n'est possible, ou alors il faut démissionner et désespérer de ce que nous avons à faire.

Puisque les moyens de nous exprimer sont dès maintenant conquis, notre responsabilité vis-à-vis de nous-mêmes et du pays est entière. L'essentiel, et c'est l'objet de cet article, est que nous en soyons bien avertis. La tâche de chacun de nous est de bien penser ce qu'il se propose de dire, de modeler peu à peu l'esprit du journal qui est le sien, d'écrire attentivement et de ne jamais perdre de vue cette immense nécessité où nous sommes de redonner à un pays sa voix profonde. Si nous faisons que cette voix demeure celle de l'énergie plutôt que de la haine, de la fière objectivité et non de la rhétorique, de l'humanité plutôt que de la médiocrité, alors beaucoup de choses seront sauvées et nous n'aurons pas démérité.

## LE JOURNALISME CRITIQUE

(*Combat,* 8 septembre 1944.)

Il faut bien que nous nous occupions aussi du journalisme d'idées. La conception que la presse française se fait de l'information pourrait être meilleure, nous l'avons déjà dit. On veut informer vite au lieu d'informer bien. La vérité n'y gagne pas.

On ne peut donc raisonnablement regretter que les articles de fond prennent à l'information un peu de la place qu'elle occupe si mal. Une chose du moins est évidente, l'information telle qu'elle est fournie aujourd'hui aux journaux, et telle que ceux-ci l'utilisent, ne peut se passer d'un commentaire critique. C'est la formule à laquelle pourrait tendre la presse dans son ensemble.

D'une part, le journaliste peut aider à la compréhension des nouvelles par un ensemble de remarques qui donnent leur portée exacte à des informations dont ni la source ni l'intention ne sont toujours évidentes. Il peut, par exemple, rapprocher dans sa mise en pages des dépêches qui se contredisent et les mettre en doute l'une par l'autre. Il peut éclairer le public sur la probabilité qu'il est convenable d'attacher à telle information, sachant qu'elle émane de telle agence ou de tel bureau à l'étranger. Pour donner un exemple précis, il est bien certain que, parmi la foule de bureaux entretenus à l'étranger, avant la guerre, par les agences, quatre ou cinq seulement présentaient les garanties de véracité qu'une presse décidée à jouer son rôle doit réclamer. Il revient au journaliste, mieux renseigné que le public, de lui présenter, avec le maximum de réserves, des informations dont il connaît bien la précarité.

A cette critique directe, dans le texte et dans les sources, le journaliste pourrait ajouter des exposés aussi clairs et aussi précis que possible qui mettraient le public au fait de la technique d'information. Puisque le lecteur s'intéresse au docteur Petiot et à l'escroquerie aux bijoux, il n'y a pas de raisons immédiates pour que le fonctionnement d'une agence internationale de presse ne l'intéresse pas. L'avantage serait de mettre en garde son sens critique au lieu de s'adresser à son esprit de facilité. La question est seulement de savoir si cette information critique est techniquement possible. Ma conviction sur ce point est positive.

Il est un autre apport du journaliste au public. Il réside dans le commentaire politique et moral de l'actualité. En face des forces désordonnées de l'histoire, dont les informations sont le reflet, il peut être bon de noter, au jour le jour, la réflexion d'un esprit ou les observations communes de plusieurs esprits. Mais cela ne peut se faire sans scrupules, sans distance et sans une certaine idée de la relativité. Certes, le goût de la vérité n'empêche pas la prise de parti. Et même, si l'on a commencé de comprendre ce que nous essayons de faire dans ce journal, l'un ne s'entend pas sans l'autre. Mais, ici comme ailleurs, il y a un ton à trouver, sans quoi tout est dévalorisé.

Pour prendre des exemples dans la presse d'aujourd'hui, il est certain que la précipitation étonnante des armées alliées et des nouvelles internationales, la certitude de la victoire remplaçant soudain l'espoir infatigable de la libération, l'approche de la paix enfin, forcent tous les journaux à définir sans retard ce que veut le pays et ce qu'il est. C'est pourquoi il est tant question de la France dans leurs articles. Mais, bien entendu, il s'agit d'un sujet qu'on ne peut toucher qu'avec d'infinies précautions et en choisissant ses mots. A vouloir reprendre les clichés et les phrases patriotiques d'une époque où l'on est arrivé à irriter les Français avec le mot même de patrie, on n'apporte rien à la définition cherchée. Mais on lui retire beaucoup. A des temps nouveaux, il faut, sinon des mots nouveaux, du moins des dispositions nouvelles de mots. Ces arrangements, il n'y a que le cœur pour les dicter, et le respect que donne le véritable amour. C'est à ce prix seulement que nous contribuerons, pour notre faible part, à donner à ce pays le langage qui le fera écouter.

On le voit, cela revient à demander que les articles de fond aient du fond et que les nouvelles fausses ou douteuses ne soient pas présentées comme des nouvelles vraies. C'est cet ensemble de démarches que j'appelle le journalisme critique. Et, encore une fois, il y faut du ton et il y faut aussi le sacrifice de beaucoup de choses. Mais cela suffirait peut-être si l'on commençait d'y réfléchir.

## AUTOCRITIQUE

(*Combat*, 22 novembre 1944.)

Faisons un peu d'autocritique. Le métier qui consiste à définir tous les jours, et en face de l'actualité, les exigences du bon sens et de la simple honnêteté d'esprit ne va pas sans danger. A vouloir le mieux, on se voue à juger le pire et quelquefois aussi ce qui est seulement moins bien. Bref, on peut prendre l'attitude systématique du juge, de l'instituteur ou du professeur de morale. De ce métier à la prétention ou à la sottise, il n'y a qu'un pas.

Nous espérons ne l'avoir pas franchi. Mais nous ne sommes pas sûrs que nous ayons échappé toujours au danger de laisser entendre que nous croyons avoir le privilège de la clairvoyance et la supériorité de ceux qui ne se trompent jamais. Il n'en est pourtant rien. Nous avons le désir sincère de collaborer à l'œuvre commune par l'exercice périodique de quelques règles de conscience dont il nous semble que la politique n'a pas fait, jusqu'ici, un grand usage.

C'est toute notre ambition et, bien entendu, si nous marquons les limites de certaines pensées ou actions politiques, nous connaissons aussi les nôtres, essayant seulement d'y remédier par l'usage de deux ou trois scrupules. Mais l'actualité est exigeante et la frontière qui sépare la morale du moralisme, incertaine. Il arrive, par fatigue et par oubli, qu'on la franchisse.

Comment échapper à ce danger ? Par l'ironie. Mais nous ne sommes pas, hélas ! dans une époque d'ironie. Nous sommes encore dans le temps de l'indignation. Sachons seulement garder, quoi qu'il arrive, le sens du relatif et tout sera sauvé.

Certes, nous ne lisons pas sans irritation, au lendemain de la prise de Metz, et sachant ce qu'elle a coûté, un reportage sur l'entrée de Marlène Dietrich à Metz. Et nous aurons toujours raison de nous en indigner. Mais il faut comprendre, en même temps, que cela ne signifie pas pour nous que les journaux doivent être forcément ennuyeux. Simplement, nous ne pensons pas qu'en temps de guerre, les caprices d'une vedette soient nécessairement plus intéressants que la douleur des peuples, le sang des armées, ou l'effort acharné d'une nation pour trouver sa vérité.

Tout cela est difficile. La justice est à la fois une idée et une chaleur de l'âme. Sachons la prendre dans ce qu'elle a d'humain, sans la transformer en cette terrible passion abstraite qui a mutilé tant d'hommes. L'ironie ne nous est pas étrangère et ce n'est pas nous que nous prenons au sérieux. C'est seulement l'épreuve indicible de ce pays et la formidable aventure qu'il lui faut vivre aujourd'hui. Cette distinction donnera en même temps sa mesure et sa relativité à notre effort quotidien.

Il nous a paru nécessaire aujourd'hui de nous dire cela et de le dire en même temps à nos lecteurs pour qu'ils sachent que dans tout ce que nous écrivons, jour après jour, nous ne sommes pas oublieux du devoir de réflexion et de scrupule qui doit être celui de tous les journalistes. Pour tout dire, nous ne nous oublions pas dans l'effort de critique qui nous paraît nécessaire en ce moment.

# MORALE ET POLITIQUE

# I

(*Combat*, 8 septembre 1944.)

Dans *Le Figaro* d'hier, M. d'Ormesson commentait le discours du pape. Ce discours appelait déjà beaucoup d'observations. Mais le commentaire de M. d'Ormesson a du moins le mérite de poser très clairement le problème qui se présente aujourd'hui à l'Europe.

« Il s'agit, dit-il, de mettre en harmonie la liberté de l'individu, qui est plus nécessaire, plus sacrée que jamais, et l'organisation collective de la société que rendent inévitable les conditions de la vie moderne. »

Cela est très bien dit. Nous proposerons seulement à M. d'Ormesson une formule plus raccourcie en disant qu'il s'agit pour nous tous de concilier la justice avec la liberté. Que la vie soit libre pour chacun et juste pour tous, c'est le but que nous avons à poursuivre. Entre des pays qui s'y sont efforcés, qui ont inégalement réussi, faisant passer la liberté avant la justice ou bien celle-ci avant celle-là, la France a un rôle à jouer dans la recherche d'un équilibre supérieur.

Il ne faut pas se le cacher, cette conciliation est difficile. Si l'on en croit du moins l'Histoire, elle n'a

pas encore été possible, comme s'il y avait entre ces
deux notions un principe de contrariété. Comment
cela ne serait-il pas ? La liberté pour chacun, c'est
aussi la liberté du banquier ou de l'ambitieux : voilà
l'injustice restaurée. La justice pour tous, c'est la
soumission de la personnalité au bien collectif.
Comment parler alors de liberté absolue ?

M. d'Ormesson est d'avis, cependant, que le
christianisme a fourni cette solution. Qu'il permette à
un esprit extérieur à la religion, mais respectueux de
la conviction d'autrui, de lui dire ses doutes sur ce
point. Le christianisme dans son essence (et c'est sa
paradoxale grandeur) est une doctrine de l'injustice.
Il est fondé sur le sacrifice de l'innocent et l'acceptation de ce sacrifice. La justice au contraire, et Paris
vient de le prouver dans ses nuits illuminées des
flammes de l'insurrection, ne va pas sans la révolte.

Faut-il donc renoncer à cet effort apparemment
sans portée ? Non, il ne faut pas y renoncer, il faut
simplement en mesurer l'immense difficulté et la
faire apercevoir à ceux qui, de bonne foi, veulent tout
simplifier.

Pour le reste, sachons que c'est le seul effort qui,
dans le monde d'aujourd'hui, vaille qu'on vive et
qu'on lutte. Contre une condition si désespérante, la
dure et merveilleuse tâche de ce siècle est de
construire la justice dans le plus injuste des mondes
et de sauver la liberté de ces âmes vouées à la
servitude dès leur principe. Si nous échouons, les
hommes retourneront à la nuit. Mais, du moins, cela
aura été tenté.

Cet effort, enfin, demande de la clairvoyance et
cette prompte vigilance qui nous avertira de penser à

l'individu chaque fois que nous aurons réglé la chose sociale et de revenir au bien de tous chaque fois que l'individu aura sollicité notre attention. Une constance si difficile, M. d'Ormesson a raison de penser que le chrétien peut la soutenir, grâce à l'amour du prochain. Mais, d'autres, qui ne vivent pas dans la foi, ont cependant l'espoir d'y parvenir aussi par un simple souci de vérité, l'oubli de leur propre personne, et le goût de la grandeur humaine.

## II

(*Combat*, 7 octobre 1944.)

Le 26 mars 1944, à Alger, le Congrès de « Combat » a affirmé que le mouvement « Combat » faisait sienne la formule : « L'anticommunisme est le commencement de la dictature. » Nous croyons bon de le rappeler et d'ajouter que rien ne peut être changé aujourd'hui à cette formule, au moment où nous voudrions nous expliquer avec quelques-uns de nos camarades communistes sur des malentendus que l'on voit poindre. Notre conviction est, en effet, que rien de bon ne peut se faire en dehors de la lumière. Et nous voudrions essayer, aujourd'hui, de tenir sur un sujet difficile entre tous le langage de la raison et de l'humanité.

Le principe que nous avons posé au début ne l'a pas été sans réflexion. Et c'est l'expérience de ces vingt-cinq dernières années qui dictait cette proposition catégorique. Cela ne signifie pas que nous sommes communistes. Mais les chrétiens non plus qui, pourtant, ont admis leur unité d'action avec les communistes. Et notre position, comme celle des chrétiens, revient à dire : Si nous ne sommes pas d'accord avec la philosophie du communisme ni avec sa morale pratique, nous refusons énergiquement l'anticommunisme politique, parce que nous en connaissons les inspirations et les buts inavoués.

Une position aussi ferme devrait ne laisser aucune place à aucun malentendu. Cela n'est pas cependant. Il faut donc que nous ayons été maladroits dans notre expression, ou simplement obscurs. Notre tâche est alors d'essayer de comprendre ces malentendus et d'en rendre compte. Il n'y aura jamais assez de franchise ni de clarté répandues sur l'un des problèmes les plus importants du siècle.

Disons donc nettement que la source des malentendus possibles tient dans une différence de méthode. La plus grande partie des idées collectivistes et du programme social de nos camarades, leur idéal de justice, leur dégoût d'une société où l'argent et les privilèges tiennent le premier rang, tout cela nous est commun. Simplement, et nos camarades le reconnaissent volontiers, ils trouvent dans une philosophie de l'histoire très cohérente la justification du réalisme politique comme méthode privilégiée pour aboutir au triomphe d'un idéal commun à beaucoup de Français. C'est sur ce point que, très clairement, nous nous séparons d'eux. Nous l'avons dit maintes fois, nous ne croyons pas au réalisme politique. Notre méthode est différente.

Nos camarades communistes peuvent comprendre que des hommes qui n'étaient pas en possession d'une doctrine aussi ferme que la leur aient trouvé beaucoup à réfléchir pendant ces quatre années. Ils l'ont fait avec bonne volonté, au milieu de mille périls. Parmi tant d'idées bouleversées, tant de purs visages sacrifiés, au milieu des décombres, ils ont senti le besoin d'une doctrine et d'une vie nouvelles. Pour eux, c'est tout un monde qui est mort en juin 1940.

Aujourd'hui, ils cherchent cette nouvelle vérité avec la même bonne volonté et sans esprit d'exclusive. On peut bien comprendre aussi que ces mêmes hommes, réfléchissant sur la plus amère des défaites, conscients aussi de leurs propres défaillances, aient jugé que leur pays avait péché par confusion et que désormais l'avenir ne pourrait prendre son sens que dans un grand effort de clairvoyance et de renouvellement.

C'est la méthode que nous essayons d'appliquer aujourd'hui. C'est celle dont nous voudrions qu'on nous reconnaisse le droit de la tenter avec bonne foi. Elle ne prétend pas à refaire toute la politique d'un pays. Elle veut essayer de provoquer dans la vie politique de ce même pays une expérience très limitée qui consisterait, par une simple critique objective, à introduire le langage de la morale dans l'exercice de la politique. Cela revient à dire oui et non en même temps et à le dire avec le même sérieux et la même objectivité.

Si on nous lisait avec attention, et la simple bienveillance qu'on peut accorder à toute entreprise de bonne foi, on verrait que souvent, nous rendons d'une main, et au-delà, ce que nous semblons retirer de l'autre. Si l'on s'attache seulement à nos objections, le malentendu est inévitable. Mais si on équilibre ces objections par l'affirmation plusieurs fois répétée ici de notre solidarité, on reconnaîtra sans peine que nous essayons de ne pas céder à la vaine passion humaine et de toujours rendre sa justice à l'un des mouvements les plus considérables de l'histoire politique.

Il peut arriver que le sens de cette difficile méthode ne soit pas toujours évident. Le journalisme n'est pas l'école de la perfection. Il faut cent numéros de journal pour préciser une seule idée. Mais cette idée peut aider à en préciser d'autres, à condition qu'on apporte à l'examiner la même objectivité qu'on a mise à la formuler. Il se peut aussi que nous nous trompions et que notre méthode soit utopique ou impossible. Mais nous pensons seulement que nous ne pouvons pas le déclarer avant d'avoir rien tenté. C'est cette expérience que nous faisons ici, aussi loyalement qu'il est possible à des hommes qui n'ont d'autre souci que la loyauté.

Nous demandons seulement à nos camarades communistes d'y réfléchir comme nous nous efforçons de réfléchir à leurs objections. Nous y gagnerons du moins de pouvoir préciser chacun notre position et, pour notre part du moins, de voir plus clairement les difficultés ou les chances de notre entreprise. C'est là du moins ce qui nous amène à leur tenir ce langage. Et aussi le juste sentiment que nous avons de ce que la France serait amenée à perdre si, par nos réticences et nos méfiances réciproques, nous étions conduits à un climat politique où les meilleurs des

Français se refuseraient à vivre, préférant alors la
solitude à la polémique et à la désunion.

### III

*(Combat,* 12 octobre 1944.)

On parle beaucoup d'ordre, en ce moment. C'est
que l'ordre est une bonne chose et nous en avons
beaucoup manqué. A vrai dire, les hommes de notre
génération ne l'ont jamais connu et ils en ont une
sorte de nostalgie qui leur ferait faire beaucoup
d'imprudences s'ils n'avaient pas en même temps la
certitude que l'ordre doit se confondre avec la vérité.
Cela les rend un peu méfiants, et délicats, sur les
échantillons d'ordre qu'on leur propose.

Car l'ordre est aussi une notion obscure. Il en est
de plusieurs sortes. Il y a celui qui continue de régner
à Varsovie, il y a celui qui cache le désordre et celui,
cher à Goethe, qui s'oppose à la justice. Il y a encore
cet ordre supérieur des cœurs et des consciences qui
s'appelle l'amour et cet ordre sanglant, où l'homme se
nie lui-même, et qui prend ses pouvoirs dans la
haine. Nous voudrions bien dans tout cela distinguer
le bon ordre.

De toute évidence, celui dont on parle aujourd'hui
est l'ordre social. Mais l'ordre social, est-ce seulement la tranquillité des rues ? Cela n'est pas sûr. Car
enfin, nous avons tous eu l'impression, pendant ces

déchirantes journées d'août, que l'ordre commençait justement avec les premiers coups de feu de l'insurrection. Sous leur visage désordonné, les révolutions portent avec elles un principe d'ordre. Ce principe régnera si la révolution est totale. Mais lorsqu'elles avortent, ou s'arrêtent en chemin, c'est un grand désordre monotone qui s'instaure pour beaucoup d'années.

L'ordre, est-ce du moins l'unité du gouvernement ? Il est certain qu'on ne saurait s'en passer. Mais le Reich allemand avait réalisé cette unité dont nous ne pouvons pas dire pourtant qu'elle ait donné à l'Allemagne son ordre véritable.

Peut-être la simple considération de la conduite individuelle nous aiderait-elle. Quand dit-on qu'un homme a mis sa vie en ordre ? Il faut pour cela qu'il se soit mis d'accord avec elle et qu'il ait conformé sa conduite à ce qu'il croit vrai. L'insurgé qui, dans le désordre de la passion, meurt pour une idée qu'il a faite sienne, est en réalité un homme d'ordre parce qu'il a ordonné toute sa conduite à un principe qui lui paraît évident. Mais on ne pourra jamais nous faire considérer comme un homme d'ordre ce privilégié qui fait ses trois repas par jour pendant toute une vie, qui a sa fortune en valeurs sûres, mais qui rentre chez lui quand il y a du bruit dans la rue. Il est seulement un homme de peur et d'épargne. Et si l'ordre français devait être celui de la prudence et de la sécheresse de cœur, nous serions tentés d'y voir le pire désordre, puisque, par indifférence, il autoriserait toutes les injustices.

De tout cela, nous pouvons tirer qu'il n'y a pas d'ordre sans équilibre et sans accord. Pour l'ordre social, ce sera un équilibre entre le gouvernement et ses gouvernés. Et cet accord doit se faire au nom d'un principe supérieur. Ce principe, pour nous, est la justice. Il n'y a pas d'ordre sans justice et l'ordre idéal des peuples réside dans leur bonheur.

Le résultat, c'est qu'on ne peut invoquer la nécessité de l'ordre pour imposer des volontés. Car on prend ainsi le problème à l'envers. Il ne faut pas seulement exiger l'ordre pour bien gouverner, il faut bien gouverner pour réaliser le seul ordre qui ait du sens. Ce n'est pas l'ordre qui renforce la justice, c'est la justice qui donne sa certitude à l'ordre.

Personne autant que nous ne peut désirer cet ordre supérieur où, dans une nation en paix avec elle-même et avec son destin, chacun aura sa part de travail et de loisirs, où l'ouvrier pourra œuvrer sans amertume et sans envie, où l'artiste pourra créer sans être tourmenté par le malheur de l'homme, où chaque être enfin pourra réfléchir, dans le silence du cœur, à sa propre condition.

Nous n'avons aucun goût pervers pour ce monde de violence et de bruit, où le meilleur de nous-mêmes s'épuise dans une lutte désespérée. Mais puisque la partie est engagée, nous croyons qu'il faut la mener à son terme. Nous croyons ainsi qu'il est un ordre dont nous ne voulons pas parce qu'il consacrerait notre démission et la fin de l'espoir humain. C'est pourquoi, si profondément décidés que nous soyons à aider à la fondation d'un ordre enfin juste, il faut savoir aussi que nous sommes déterminés à rejeter pour toujours la célèbre phrase d'un faux grand homme et à déclarer que nous préférerons éternellement le désordre à l'injustice.

# IV

(*Combat*, 29 octobre 1944.)

Le ministre de l'Information a prononcé, avant-hier, un discours que nous approuvons dans son entier. Mais il est un point sur lequel il nous faut revenir parce qu'il n'est pas si commun qu'un ministre tienne à son pays le langage d'une morale virile et lui rappelle les devoirs nécessaires.

M. Teitgen a démonté cette mécanique de la concession qui a conduit tant de Français de la faiblesse à la trahison. Chaque concession faite à l'ennemi et à l'esprit de facilité en entraînait une autre. Celle-ci n'était pas plus grave que la première, mais les deux, bout à bout, formaient une lâcheté. Deux lâchetés réunies faisaient le déshonneur.

C'est en effet le drame de ce pays. Et s'il est difficile à régler, c'est qu'il engage toute la conscience humaine. Car il pose un problème qui a le tranchant du oui ou du non.

La France vivait sur une sagesse usée qui expliquait aux jeunes générations que la vie était ainsi faite qu'il fallait savoir faire des concessions, que l'enthousiasme n'avait qu'un temps, et que dans un monde où les malins avaient forcément raison, il fallait essayer de ne pas avoir tort.

Nous en étions là. Et quand les hommes de notre

génération sursautaient devant l'injustice, on les persuadait que cela leur passerait. Ainsi, de proche en proche, la morale de la facilité et du désabusement s'est propagée. Qu'on juge de l'effet que put faire dans ce climat la voix découragée et chevrotante qui demandait à la France de se replier sur elle-même. On gagne toujours en s'adressant à ce qui est le plus facile à l'homme, et qui est le goût du repos. Le goût de l'honneur, lui, ne va pas sans une terrible exigence envers soi-même et envers les autres. Cela est fatigant, bien sûr. Et un certain nombre de Français étaient fatigués d'avance en 1940.

Ils ne l'étaient pas tous. On s'est étonné que beaucoup d'hommes entrés dans la résistance ne fussent pas des patriotes de profession. C'est d'abord que le patriotisme n'est pas une profession. Et qu'il est une manière d'aimer son pays qui consiste à ne pas le vouloir injuste, et à le lui dire. Mais c'est aussi que le patriotisme n'a pas toujours suffi à faire lever ces hommes pour l'étrange lutte qui était la leur. Il y fallait aussi cette délicatesse du cœur qui répugne à toute transaction, la fierté dont l'usage bourgeois faisait un défaut et, pour tout résumer, la capacité de dire non.

La grandeur de cette époque, si misérable d'autre part, c'est que le choix y est devenu pur. C'est que l'intransigeance est devenue le plus impérieux des devoirs et c'est que la morale de la concession a reçu, enfin, sa sanction. Si les malins avaient raison, il a fallu accepter d'avoir tort. Et si la honte, le mensonge et la tyrannie faisaient les conditions de la vie, il a fallu accepter de mourir.

C'est ce pouvoir d'intransigeance et de dignité qu'il

nous faut restaurer aujourd'hui dans toute la France et à tous les échelons. Il faut savoir que chaque médiocrité consentie, chaque abandon et chaque facilité nous font autant de mal que les fusils de l'ennemi. Au bout de ces quatre ans de terribles épreuves, la France épuisée connaît l'étendue de son drame qui est de n'avoir plus droit à la fatigue. C'est la première condition de notre relèvement et l'espoir du pays est que les mêmes hommes qui ont su dire non mettront demain la même fermeté et le même désintéressement à dire oui, et qu'ils sauront enfin demander à l'honneur ses vertus positives comme ils ont su lui prendre ses pouvoirs de refus.

## V

(*Combat*, 4 novembre 1944.)

Il y a deux jours, Jean Guéhenno a publié, dans *Le Figaro*, un bel article qu'on ne saurait laisser passer sans dire la sympathie et le respect qu'il doit inspirer à tous ceux qui ont quelque souci de l'avenir des hommes. Il y parlait de la pureté : le sujet est difficile.

Il est vrai que Jean Guéhenno n'eût sans doute pas pris sur lui d'en parler si dans un autre article, intelligent quoique injuste, un jeune journaliste ne lui avait fait reproche d'une pureté morale dont il craignait qu'elle se confondît avec le détachement

intellectuel. Jean Guéhenno y répond très justement
en plaidant pour une pureté maintenue dans l'action.
Et, bien entendu, c'est le problème du réalisme qui
est posé : il s'agit de savoir si tous les moyens sont
bons.

Nous sommes tous d'accord sur les fins, nous
différons d'avis sur les moyens. Nous apportons tous,
n'en doutons pas, une passion désintéressée au
bonheur impossible des hommes. Mais simplement il
y a ceux qui, parmi nous, pensent qu'on peut tout
employer pour réaliser ce bonheur, et il y a ceux qui
ne le pensent pas. Nous sommes de ceux-ci. Nous
savons avec quelle rapidité les moyens sont pris pour
les fins, nous ne voulons pas de n'importe quelle
justice. Cela peut provoquer l'ironie des réalistes et
Jean Guéhenno vient de l'éprouver. Mais c'est lui qui
a raison et notre conviction est que son apparente
folie est la seule sagesse souhaitable pour aujour-
d'hui. Car il s'agit de faire, en effet, le salut de
l'homme. Non pas en se plaçant hors du monde, mais
à travers l'histoire elle-même. Il s'agit de servir la
dignité de l'homme par des moyens qui restent dignes
au milieu d'une histoire qui ne l'est pas. On mesure la
difficulté et le paradoxe d'une pareille entreprise.

Nous savons, en effet, que le salut des hommes est
peut-être impossible, mais nous disons que ce n'est
pas une raison pour cesser de le tenter et nous disons
surtout qu'il n'est pas permis de le dire impossible
avant d'avoir fait une bonne fois ce qu'il fallait pour
démontrer qu'il ne l'était pas.

Aujourd'hui, l'occasion nous en est donnée. Ce
pays est pauvre et nous sommes pauvres avec lui.
L'Europe est misérable, sa misère est la nôtre. Sans

richesses et sans héritage matériel, nous sommes peut-être entrés dans une liberté où nous pouvons nous livrer à cette folie qui s'appelle la vérité.

Il nous est arrivé ainsi de dire déjà notre conviction qu'une dernière chance nous était donnée. Nous pensons vraiment qu'elle est la dernière. La ruse, la violence, le sacrifice aveugle des hommes, il y a des siècles que ces moyens ont fait leurs preuves. Ces preuves sont amères. Il n'y a plus qu'une chose à tenter, qui est la voie moyenne et simple d'une honnêteté sans illusions, de la sage loyauté, et l'obstination à renforcer seulement la dignité humaine. Nous croyons que l'idéalisme est vain. Mais notre idée, pour finir, est que le jour où des hommes voudront mettre au service du bien le même entêtement et la même énergie inlassable que d'autres mettent au service du mal, ce jour-là les forces du bien pourront triompher — pour un temps très court peut-être, mais pour un temps cependant, et cette conquête sera alors sans mesure.

Pourquoi, nous dira-t-on enfin, revenir sur ce débat ? Il y a tant de questions plus urgentes qui sont d'ordre pratique. Mais nous n'avons jamais reculé à parler de ces questions d'ordre pratique. La preuve est que lorsque nous en parlons, nous ne contentons pas tout le monde.

Et, par ailleurs, il fallait bien y revenir parce qu'en vérité, il n'est pas de question plus urgente. Oui, pourquoi revenir sur ce débat ? Pour que le jour où, dans un monde rendu à la sagesse réaliste, l'humanité sera retournée à la démence et à la nuit, des hommes comme Guéhenno se souviennent qu'ils ne sont pas seuls et pour qu'ils sachent alors que la pureté, quoi qu'on en pense, n'est jamais un désert.

## VI

(*Combat*, 24 novembre 1944.)

Plus on y réfléchit, plus on se persuade qu'une doctrine socialiste est en train de prendre corps dans de larges fractions de l'opinion politique. Nous l'avons seulement indiqué hier. Mais le sujet vaut qu'on y apporte de la précision. Car enfin, rien de tout cela n'est original. Des critiques mal disposés pourraient s'étonner que les hommes de la résistance et beaucoup de Français avec eux aient fait tant d'efforts pour en arriver là.

Mais d'abord, il n'est pas absolument nécessaire que les doctrines politiques soient nouvelles. La politique (nous ne disons pas l'action) n'a que faire du génie. Les affaires humaines sont compliquées dans leur détail, mais simples dans leur principe.

La justice sociale peut très bien se faire sans une philosophie ingénieuse. Elle demande quelques vérités de bon sens et ces choses simples que sont la clairvoyance, l'énergie et le désintéressement. En ces matières, vouloir faire du neuf à tout prix, c'est travailler pour l'an 2000. Et c'est tout de suite, demain si possible, que les affaires de notre société doivent être mises en ordre.

En second lieu, les doctrines ne sont pas efficaces par leur nouveauté, mais seulement par l'énergie qu'elles véhiculent et par l'esprit de sacrifice des hommes qui les servent. Il est difficile de savoir si le socialisme théorique a représenté quelque chose de profond pour les socialistes de la IIIᵉ République. Mais aujourd'hui, il est comme une brûlure pour beaucoup d'hommes. C'est qu'il donne une forme à l'impatience et à la fièvre de justice qui les animent.

Enfin, c'est peut-être au nom d'une idée diminuée du socialisme qu'on serait tenté de croire qu'en arriver là est peu de chose. Il y a une certaine forme de cette doctrine que nous détestons peut-être plus encore que les politiques de tyrannie. C'est celle qui se repose dans l'optimisme, qui s'autorise de l'amour de l'humanité pour se dispenser de servir les hommes, du progrès inévitable pour esquiver les questions de salaires, et de la paix universelle pour éviter les sacrifices nécessaires. Ce socialisme-là est fait surtout du sacrifice des autres. Il n'a jamais engagé celui qui le professait. En un mot, ce socialisme a peur de tout et de la révolution.

Nous avons connu cela. Et il est vrai que ce serait peu de chose s'il fallait seulement y revenir. Mais il est un autre socialisme, qui est décidé à payer. Il refuse également le mensonge et la faiblesse. Il ne se pose pas la question futile du progrès, mais il est persuadé que le sort de l'homme est toujours entre les mains de l'homme.

Il ne croit pas aux doctrines absolues et infaillibles, mais à l'amélioration obstinée, chaotique mais inlassable, de la condition humaine. La justice pour lui vaut bien une révolution. Et si celle-ci lui est plus difficile qu'à d'autres, parce qu'il n'a pas le mépris de l'homme, il a plus de chances aussi de ne demander que des sacrifices utiles. Quant à savoir si une telle disposition du cœur et de l'esprit peut se traduire dans les faits, c'est un point sur lequel nous reviendrons.

Nous voulions dissiper aujourd'hui quelques équivoques. Il est évident que le socialisme de la IIIᵉ République n'a pas répondu aux exigences que nous venons de formuler. Il a chance, aujourd'hui, de se réformer. Nous le souhaitons. Mais nous souhaitons aussi que les hommes de la résistance et les Français qui se sentent en accord avec eux, gardent intactes ces exigences fondamentales. Car si le socialisme traditionnel veut se réformer, il ne le fera pas seulement en appelant à lui ces hommes nouveaux qui commencent à prendre conscience de cette nouvelle doctrine. Il le fera en venant lui-même à cette doctrine et en acceptant de s'y incorporer totalement. Il n'y a pas de socialisme sans engagement et fidélité de tout l'être, voilà ce que nous savons aujourd'hui. Et c'est cela qui est nouveau.

## VII

*(Combat, 26 décembre 1944.)*

Le pape vient d'adresser au monde un message où il prend ouvertement position en faveur de la démocratie. Il faut s'en féliciter. Mais nous croyons aussi que ce message très nuancé demande un commentaire également nuancé. Nous ne sommes pas sûrs que ce commentaire exprimera l'opinion de tous nos camarades de « Combat », parmi ceux qui sont chrétiens. Mais nous sommes sûrs qu'il traduit les sentiments d'une grande partie d'entre eux.

Puisque l'occasion nous en est donnée, nous voudrions dire que notre satisfaction n'est pas pure de tout regret. Il y a des années que nous attendions que la plus grande autorité spirituelle de ce temps voulût bien condamner en termes clairs les entreprises des dictatures. Je dis en termes clairs. Car cette condamnation peut ressortir de certaines encycliques, à condition de les interpréter. Mais elle y est formulée dans le langage de la tradition qui n'a jamais été clair pour la grande foule des hommes.

Or, c'était la grande foule des hommes qui attendait pendant toutes ces années qu'une voix s'élevât pour dire nettement, comme aujourd'hui, où se trouvait le mal. Notre vœu secret était que cela fût dit au moment même où le mal triomphait et où les forces du bien étaient bâillonnées. Que cela soit dit aujourd'hui où l'esprit de dictature chancelle dans le monde, nous pensons évidemment qu'il faut s'en réjouir. Mais nous ne voulions pas seulement nous réjouir, nous voulions croire et admirer. Nous voulions que l'esprit fît ses preuves avant que la force vînt l'appuyer et lui donner raison.

Ce message qui désavoue Franco, comme nous aurions voulu le voir lancer en 1936, afin que Georges Bernanos n'eût pas à parler ni à maudire. Cette voix qui vient de dicter au monde catholique le parti à prendre, elle était la seule qui pût parler au

milieu des tortures et des cris, la seule qui pût nier tranquillement et sans crainte la force aveugle des blindés.

Disons-le clairement, nous aurions voulu que le
pape prît parti, au cœur même de ces années
honteuses, et dénonçât ce qui était à dénoncer. Il est
dur de penser que l'Église a laissé ce soin à d'autres,
plus obscurs, qui n'avaient pas son autorité, et dont
certains étaient privés de l'espérance invincible dont
elle vit. Car l'Église n'avait pas à s'occuper alors de
durer ou de se préserver. Même dans les chaînes, elle
n'eût pas cessé d'être. Et elle y aurait trouvé au
contraire une force qu'aujourd'hui nous sommes
tentés de ne pas lui reconnaître.

Du moins, voici ce message. Et maintenant, les
catholiques qui ont donné le meilleur d'eux-mêmes
dans la lutte commune savent qu'ils ont eu raison et
qu'ils étaient dans le bien. Les vertus de la démocratie sont reconnues par le pape. Mais c'est ici que les
nuances interviennent. Car cette démocratie est
entendue au sens large. Et le pape dit qu'elle peut
comprendre aussi bien la république que la monar-
chie. Cette démocratie se défie de la masse, que
Pie XII distingue subtilement du peuple. Elle admet
aussi les inégalités de la condition sociale, sauf à les
tempérer par l'esprit de fraternité.

La démocratie, telle qu'elle est définie dans ce
texte, a paradoxalement une nuance radicale-
socialiste qui ne laisse pas de nous surprendre. Au
reste, le grand mot est prononcé, lorsque le pape dit
son désir d'un régime modéré.

Certes, nous comprenons ce vœu. Il y a une
modération de l'esprit qui doit aider à l'intelligence
des choses sociales, et même au bonheur des hom-

mes. Mais tant de nuances et tant de précautions laissent toute licence aussi à la modération la plus haïssable de toutes, qui est celle du cœur. C'est celle, justement, qui admet les conditions inégales et qui souffre la prolongation de l'injustice. Ces conseils de modération sont à double tranchant. Ils risquent aujourd'hui de servir ceux qui veulent tout conserver et qui n'ont pas compris que quelque chose doit être changé. Notre monde n'a pas besoin d'âmes tièdes. Il a besoin de cœurs brûlants qui sachent faire à la modération sa juste place. Non, les chrétiens des premiers siècles n'étaient pas des modérés. Et l'Église, aujourd'hui, devrait avoir à tâche de ne pas se laisser confondre avec les forces de conservation.

C'est là du moins ce que nous voulions dire, parce que nous voudrions que tout ce qui a un nom et un honneur en ce monde serve la cause de la liberté et de la justice. Dans cette lutte, nous ne serons jamais trop. C'est la seule raison de nos réserves. Qui sommes-nous, en effet, pour oser critiquer la plus haute autorité spirituelle du siècle ? Rien, justement, que de simples défenseurs de l'esprit, mais qui se sentent une exigence infinie à l'égard de ceux dont la mission est de représenter l'esprit.


# VIII

*(Combat, 11 janvier 1945.)*

M. Mauriac vient de publier sur le « mépris de la charité » un article que je ne trouve ni juste ni charitable. Pour la première fois, il a pris, dans les questions qui nous séparent, un ton sur lequel je ne veux pas insister, et que moi, du moins, je ne prendrai pas. Je n'y aurais pas répondu d'ailleurs si les circonstances ne me forçaient à quitter ces débats quotidiens où les meilleurs et les pires d'entre nous ont parlé pendant des mois, sans que rien fût éclairci qui nous importe vraiment. Je n'aurais pas répondu si je n'avais pas le sentiment que cette discussion, dont le sujet est notre vie même, commence à tourner à la confusion. Et puisque je suis visé personnellement, je voudrais, avant d'en finir, parler en mon nom et essayer une dernière fois de rendre clair ce que j'ai voulu dire.

Chaque fois qu'à propos de l'épuration, j'ai parlé de justice, M. Mauriac a parlé de charité. Et la vertu de la charité est assez singulière pour que j'aie eu l'air, réclamant la justice, de plaider pour la haine. On dirait vraiment, à entendre M. Mauriac, qu'il nous faille absolument choisir, dans ces affaires quotidiennes, entre l'amour du Christ et la haine des hommes. Eh bien ! non. Nous sommes quelques-uns à refuser à la fois les cris de détestation qui nous viennent d'un côté et les sollicitations attendries qui nous arrivent de l'autre. Et nous cherchons, entre les deux, cette juste voix qui nous donnera la vérité sans la honte. Nous n'avons pas besoin pour cela d'avoir des clartés sur tout, mais seulement de désirer la clarté, avec cette passion de l'intelligence et du cœur sans laquelle ni M. Mauriac ni nous-mêmes ne ferons rien de bon.

C'est ce qui me permet de dire que la charité n'a

rien à faire ici. J'ai l'impression, à cet égard, que
M. Mauriac lit très mal les textes qu'il se propose de
contredire. Je vois bien que c'est un écrivain d'humeur et non de raisonnement, mais je voudrais qu'en
ces matières nous parlions sans humeur. Car
M. Mauriac m'a bien mal lu s'il pense que je m'avise
de sourire devant le monde qui nous est offert. Quand
je dis que la charité qu'on propose comme exemple à
vingt peuples affamés de justice n'est qu'une dérisoire consolation, je prie mon contradicteur de croire
que je le fais sans sourire.

Tant que je respecterai ce qu'est M. Mauriac,
j'aurai le droit de refuser ce qu'il pense. Il n'est pas
nécessaire pour cela de concevoir ce mépris de la
charité qu'il m'attribue généreusement. Les positions
me semblent claires, au contraire. M. Mauriac ne
veut pas ajouter à la haine et je le suivrai bien
volontiers. Mais je ne veux pas qu'on ajoute au
mensonge et c'est ici que j'attends qu'il m'approuve.
Pour tout dire, j'attends qu'il dise ouvertement qu'il y
a aujourd'hui une justice nécessaire.

En vérité, je ne crois pas qu'il le fera : c'est une
responsabilité qu'il ne prendra pas. M. Mauriac qui a
écrit que notre République saurait être dure, médite
d'écrire bientôt un mot qu'il n'a pas encore prononcé
et qui est celui de pardon. Je voudrais seulement lui
dire que je vois deux chemins de mort pour notre pays
(et il y a des façons de survivre qui ne valent pas
mieux que la mort). Ces deux chemins sont ceux de la
haine et du pardon. Ils me paraissent aussi désastreux l'un que l'autre. Je n'ai aucun goût pour la
haine. La seule idée d'avoir des ennemis me paraît la

chose la plus lassante du monde, et il nous a fallu, mes camarades et moi, le plus grand effort pour supporter d'en avoir. Mais le pardon ne me paraît pas plus heureux et pour aujourd'hui, il aurait des airs d'injure. Dans tous les cas, ma conviction est qu'il ne nous appartient pas. Si j'ai l'horreur des condamnations, cela ne regarde que moi. Je pardonnerai ouvertement avec M. Mauriac quand les parents de Velin, quand la femme de Leynaud m'auront dit que je le puis. Mais pas avant, jamais avant, pour ne pas trahir, au prix d'une effusion du cœur, ce que j'ai toujours aimé et respecté dans ce monde, qui fait la noblesse des hommes et qui est la fidélité.

Cela est peut-être dur à entendre. Je voudrais seulement que M. Mauriac sentît que cela n'est pas moins dur à dire. J'ai écrit nettement que Béraud ne méritait pas la mort, mais j'avoue n'avoir pas d'imagination pour les fers que, selon M. Mauriac, les condamnés de la trahison portent aux chevilles. Il nous a fallu trop d'imagination, justement, et pendant quatre ans, pour des milliers de Français qui avaient l'honneur pour eux et que des journalistes dont on veut faire des martyrs désignaient tous les jours à tous les supplices. En tant qu'homme, j'admirerai peut-être M. Mauriac de savoir aimer des traîtres, mais en tant que citoyen, je le déplorerai, parce que cet amour nous amènera justement une nation de traîtres et de médiocres et une société dont nous ne voulons plus.

Pour finir, M. Mauriac me jette le Christ à la face. Je voudrais seulement lui dire ceci avec la gravité qui convient : je crois avoir une juste idée de la grandeur du christianisme, mais nous sommes quelques-uns dans ce monde persécuté à avoir le sentiment que si le Christ est mort pour certains, il n'est pas mort pour nous. Et dans le même temps, nous nous refusons à désespérer de l'homme. Sans avoir l'ambition déraisonnable de le sauver, nous tenons au moins à le servir. Si nous consentons à nous passer de Dieu et de l'espérance, nous ne nous passons pas si aisément de l'homme. Sur ce point, je puis bien dire à M. Mauriac que nous ne nous découragerons pas et que nous refuserons jusqu'au dernier moment une charité divine qui frustrerait les hommes de leur justice.


# IX

*Combat,* 27 juin 1945.)


M. Herriot vient de prononcer des paroles malheureuses. Une parole malheureuse est une parole qui ne vient pas à son heure. M. Herriot a parlé dans une heure qui n'est plus la sienne et sur un sujet qu'on peut estimer intempestif. Même s'il avait raison, il n'était pas l'homme désigné pour taxer la nation d'immoralité et pour déclarer que cette époque ne pouvait donner de leçons à l'époque d'avant guerre.

Si cette condamnation est injuste, c'est parce qu'elle est d'abord trop générale. Il est vrai que les Français ont le goût de parier sur le pire quand il s'agit d'eux-mêmes. Mais si l'on peut passer ce travers à des hommes qui ont beaucoup combattu et souffert pour leur pays, il est difficile de montrer la même indulgence pour un esprit que son expérience politique devait avertir et que sa doctrine devait rendre plus modeste.

Il n'y a rien qu'on puisse condamner en général et une nation moins que toute autre chose. M. Herriot devrait savoir que cette époque ne prétend pas donner de leçon de moralité à celle qui l'a précédée. Mais elle a le droit, acquis au milieu de terribles convulsions, de rejeter purement et simplement la morale qui l'a menée à la catastrophe.

Car ce ne sont pas sans doute les idées politiques de M. Herriot et de ses collègues radicaux qui nous ont perdus. Mais la morale sans obligation ni sanction qui était la leur, la France de boutiquiers, de bureaux de tabac et de banquets législatifs dont ils nous ont gratifiés, a fait plus pour énerver les âmes et détendre les énergies que des perversions plus spectaculaires. Dans tous les cas, ce n'est pas cette morale qui donne à M. Herriot le droit de condamner les Français de 1945.

Ce peuple est à la recherche d'une morale, voilà ce qui est vrai. Il est encore dans le provisoire. Mais il a donné assez de preuves de son dévouement et de son esprit de sacrifice pour exiger que des hommes politiques qui ont été représentatifs ne le jugent pas en quelques mots méprisants. Nous comprenons fort bien le dépit que M. Herriot peut éprouver à voir rejeter une certaine morale politique d'avant guerre. Mais il doit s'y résigner. Les Français sont fatigués des vertus moyennes, ils savent maintenant ce qu'un conflit moral étendu à une nation entière peut coûter d'arrachements et de douleur. Il n'est donc pas étonnant qu'ils se détournent de leurs fausses élites, puisqu'elles furent d'abord celles de la médiocrité.

Quelles que soient la sagesse et l'expérience de M. Herriot, nous sommes beaucoup à penser qu'il n'a plus rien à nous apprendre. S'il peut nous être utile encore, c'est dans la mesure où, considérant ce qu'il est et ce que fut son parti, et apercevant ensuite la prodigieuse aventure que doit courir la France pour renaître, nous nous dirons qu'il n'y a pas de commune mesure et que la rénovation française demande autre chose que ces cœurs tièdes.

Il est possible que dans l'entourage de M. Herriot, on préfère deux heures de marché noir à une semaine de travail. Mais nous pouvons lui assurer qu'il est des millions de Français qui travaillent et qui se taisent. C'est sur eux qu'il faut juger la nation. C'est pourquoi nous considérons qu'il est aussi sot de dire que la France a plus besoin de réforme morale que de réforme politique qu'il le serait d'affirmer le contraire. Elle a besoin des deux et justement pour empêcher qu'une nation soit tout entière jugée sur les scandaleux profits de quelques misérables. Nous avons toujours mis ici l'accent sur les exigences de la morale. Mais ce serait un marché de dupes si ces exigences devaient servir à escamoter la rénovation politique et institutionnelle dont nous avons besoin. Il faut faire de bonnes lois si l'on veut avoir de bons gouvernés. Notre seul espoir est que ces bonnes lois nous éviteront pour un temps convenable le retour au pouvoir des professeurs de vertu, qui ont fait ce qu'il fallait pour que les mots de député et de gouvernement soient en France, pendant de longues années, un symbole de dérision.

# X

(*Combat*, 30 août 1945.)

On nous excusera de commencer aujourd'hui par une vérité première : il est certain désormais que l'épuration en France est non seulement manquée, mais encore déconsidérée. Le mot d'épuration était déjà assez pénible en lui-même. La chose est devenue odieuse. Elle n'avait qu'une chance de ne point le devenir qui était d'être entreprise sans esprit de vengeance ou de légèreté. Il faut croire que le chemin de la simple justice n'est pas facile à trouver entre les clameurs de la haine d'une part et les plaidoyers de la mauvaise conscience d'autre part. L'échec en tout cas est complet.

C'est qu'aussi bien la politique s'en est mêlée, avec tous ses aveuglements. Trop de gens ont crié à la mort comme si les travaux forcés, par exemple, étaient une peine qui ne tirait pas à conséquence. Mais trop de gens, au contraire, ont hurlé à la terreur lorsque quelques années de prison venaient récompenser l'exercice de la délation et du déshonneur. Dans tous les cas, nous voici impuissants. Et peut-être le plus sûr aujourd'hui est de faire ce qu'il faut pour que des injustices trop flagrantes n'empoisonnent pas un peu plus un air où les Français ont déjà du mal à respirer.

C'est d'une de ces injustices que nous voulons parler aujourd'hui. La même Cour qui condamna Albertini, recruteur de la L. V. F., à cinq ans de travaux forcés, a condamné à huit ans de la même peine le pacifiste René Gérin, qui avait tenu la chronique littéraire de *L'Œuvre* pendant la guerre. Ni en logique, ni en justice, cela ne peut s'admettre. Nous n'approuvons pas ici René Gérin. Le pacifisme intégral nous paraît mal raisonné et nous savons désormais qu'il vient toujours un temps où il n'est plus tenable. Nous ne pouvons approuver non plus que Gérin ait écrit, même sur des sujets littéraires, dans *L'Œuvre.*

Mais il faut cependant respecter les proportions et juger les hommes selon ce qu'ils sont. On ne punit pas de travaux forcés quelques articles littéraires, même dans les journaux de l'occupation. Pour le reste, la position de Gérin n'a jamais varié. On peut ne pas partager son point de vue, mais son pacifisme du moins était l'aboutissement d'une certaine conception de l'homme qui ne peut être que respectable. Une société se juge elle-même si au moment où elle n'est pas capable, faute de définition ou d'idées claires, de punir d'authentiques criminels, elle envoie au bagne un homme qui ne s'est trouvé que par hasard en compagnie de ces faux pacifistes qui aimaient l'hitlérisme et non la paix. Et une société qui veut et qui prétend opérer sa renaissance, peut-elle ne pas avoir ce souci élémentaire de clarté et de distinction ?

Gérin n'a dénoncé personne et il n'a participé à

aucune des entreprises de l'ennemi. Si l'on jugeait
que sa collaboration littéraire à *L'Œuvre* méritait une
sanction, il fallait la prendre, mais il fallait la
mesurer au délit. A ce degré d'exagération, une telle
sanction ne répare rien. Elle donne seulement le
soupçon qu'un pareil jugement n'est pas celui de la
nation, mais celui d'une classe. Elle humilie un
homme sans profit pour personne. Elle discrédite une
politique pour le dommage de tous.

Ce procès, dans tous les cas, demande à être
revisé. Et non pas seulement pour éviter à un homme
des souffrances disproportionnées à ses fautes, mais
pour que la justice elle-même soit préservée et
devienne, dans un cas au moins, respectable. Bien
que René Gérin ait été dans un autre camp que le
nôtre, il nous semble que sur ce point toute l'opinion
résistante devrait être avec nous pour sauver décidément tout ce qui peut encore être sauvé dans ce
domaine.

## XI

### (*Combat,* 8 août 1945.)

Le monde est ce qu'il est, c'est-à-dire peu de
chose. C'est ce que chacun sait depuis hier grâce au
formidable concert que la radio, les journaux et les
agences d'information viennent de déclencher au
sujet de la bombe atomique. On nous apprend, en

effet, au milieu d'une foule de commentaires enthou-
siastes, que n'importe quelle ville d'importance
moyenne peut être totalement rasée par une bombe de
la grosseur d'un ballon de football. Des journaux
américains, anglais et français se répandent en
dissertations élégantes sur l'avenir, le passé, les
inventeurs, le coût, la vocation pacifique et les effets
guerriers, les conséquences politiques et même le
caractère indépendant de la bombe atomique. Nous
nous résumerons en une phrase : la civilisation
mécanique vient de parvenir à son dernier degré de
sauvagerie. Il va falloir choisir, dans un avenir plus
ou moins proche, entre le suicide collectif ou
l'utilisation intelligente des conquêtes scientifiques.

En attendant, il est permis de penser qu'il y a
quelque indécence à célébrer ainsi une découverte,
qui se met d'abord au service de la plus formidable
rage de destruction dont l'homme ait fait preuve
depuis des siècles. Que dans un monde livré à tous
les déchirements de la violence, incapable d'aucun
contrôle, indifférent à la justice et au simple bonheur
des hommes, la science se consacre au meurtre
organisé, personne sans doute, à moins d'idéalisme
impénitent, ne songera à s'en étonner.

Ces découvertes doivent être enregistrées, com-
mentées selon ce qu'elles sont, annoncées au monde
pour que l'homme ait une juste idée de son destin.
Mais entourer ces terribles révélations d'une littérature pittoresque ou humoristique, c'est ce qui n'est
pas supportable.

Déjà, on ne respirait pas facilement dans un
monde torturé. Voici qu'une angoisse nouvelle nous
est proposée, qui a toutes les chances d'être défini-

tive. On offre sans doute à l'humanité sa dernière chance. Et ce peut-être après tout le prétexte d'une édition spéciale. Mais ce devrait être plus sûrement le sujet de quelques réflexions et de beaucoup de silence.

Au reste, il est d'autres raisons d'accueillir avec réserve le roman d'anticipation que les journaux nous proposent. Quand on voit le rédacteur diplomatique de l'Agence Reuter annoncer que cette invention rend caducs les traités ou périmées les décisions mêmes de Potsdam, remarquer qu'il est indifférent que les Russes soient à Kœnigsberg ou la Turquie aux Dardanelles, on ne peut se défendre de supposer à ce beau concert des intentions assez étrangères au désintéressement scientifique.

Qu'on nous entende bien. Si les Japonais capitulent après la destruction d'Hiroshima et par l'effet de l'intimidation, nous nous en réjouirons. Mais nous nous refusons à tirer d'une aussi grave nouvelle autre chose que la décision de plaider plus énergiquement encore en faveur d'une véritable société internationale, où les grandes puissances n'auront pas de droits supérieurs aux petites et aux moyennes nations, où la guerre, fléau devenu définitif par le seul effet de l'intelligence humaine, ne dépendra plus des appétits ou des doctrines de tel ou tel État.

Devant les perspectives terrifiantes qui s'ouvrent à l'humanité, nous apercevons encore mieux que la paix est le seul combat qui vaille d'être mené. Ce n'est plus une prière, mais un ordre qui doit monter des peuples vers les gouvernements, l'ordre de choisir définitivement entre l'enfer et la raison.

# LA CHAIR

# I

(*Combat*, 27 octobre 1944.)

Il nous a été difficile de parler hier de René Leynaud. Ceux qui auront lu dans un coin de journal l'annonce qu'un journaliste résistant, répondant à ce nom, avait été fusillé par les Allemands n'auront accordé qu'une attention distraite à ce qui était pour nous une terrible, une atroce nouvelle. Et pourtant, il faut que nous parlions de lui. Il faut que nous en parlions pour que la mémoire de la résistance se garde, non dans une nation qui risque d'être oublieuse, mais du moins dans quelques cœurs attentifs à la qualité humaine.

Il était entré dès les premiers mois dans la Résistance. Tout ce qui faisait sa vie morale, le christianisme et le respect de la parole donnée, l'avait poussé à prendre silencieusement sa place dans cette bataille des ombres. Il avait choisi le nom de guerre qui répondait à ce qu'il avait de plus pur en lui : pour tous ses camarades de « Combat », il s'appelait Clair.

La seule passion personnelle qu'il eût encore gardée, avec celle de la pudeur, était la poésie. Il avait écrit des poèmes que seuls deux ou trois d'entre nous connaissaient. Ils avaient la qualité de ce qu'il était, c'est-à-dire la transparence même. Mais dans la lutte de tous les jours, il avait renoncé à écrire, se laissant aller seulement à acheter les livres de poésie les plus divers qu'il se réservait de lire après la guerre. Pour le reste, il partageait notre conviction qu'un certain langage et l'obstination de la droiture redonneraient à notre pays le visage sans égal que nous lui espérions. Depuis des mois, sa place l'attendait dans ce journal et avec tout l'entêtement de l'amitié et de la tendresse, nous refusions la nouvelle de sa mort. Aujourd'hui, cela n'est plus possible.

Ce langage qu'il fallait tenir, il ne le tiendra plus. L'absurde tragédie de la résistance est tout entière dans cet affreux malheur. Car des hommes comme Leynaud étaient entrés dans la lutte, convaincus qu'aucun être ne pouvait parler avant de payer de sa personne. Le malheur est que la guerre sans uniforme n'avait pas la terrible justice de la guerre tout court. Les balles du front frappent n'importe qui, le meilleur et le pire. Mais pendant ces quatre ans, ce sont les meilleurs qui se sont désignés et qui sont tombés, ce sont les meilleurs qui ont gagné le droit de parler et perdu le pouvoir de le faire.

Celui que nous aimions en tout cas ne parlera plus. Et pourtant la France avait besoin de voix comme la sienne. Ce cœur fier entre tous, longtemps silencieux entre sa foi et son honneur, aurait su dire les paroles qu'il fallait. Mais il est maintenant à jamais silencieux. Et d'autres, qui ne sont pas dignes, parlent de cet honneur qu'il avait fait sien, comme d'autres, qui ne sont pas sûrs, parlent au nom du Dieu qu'il avait choisi.

Il est possible aujourd'hui de critiquer les hommes de la Résistance, de noter leurs faiblesses et de les mettre en accusation. Mais c'est peut-être parce que les meilleurs d'entre eux sont morts. Nous le disons parce que nous le pensons profondément, si nous sommes encore là, c'est que nous n'avons pas fait assez. Leynaud a fait assez. Et aujourd'hui, rendu à cette terre pour nous sans avenir et pour lui passagère, détourné de cette passion à laquelle il avait tout sacrifié, nous espérons du moins que sa consolation sera de ne pas entendre les paroles d'amertume et de dénigrement qui retentissent autour de cette pauvre aventure humaine où nous avons été mêlés.

Qu'on ne craigne rien, nous ne nous servirons pas de lui qui ne s'est jamais servi de personne. Il est sorti inconnu de cette lutte où il était entré inconnu. Nous lui garderons ce qu'il aurait préféré, le silence de notre cœur, le souvenir attentif et l'affreuse tristesse de l'irréparable. Mais ici où nous avons toujours tenté de chasser l'amertume, il nous pardonnera de la laisser revenir et de nous mettre à penser que, peut-être, la mort d'un tel homme est un prix trop cher pour le droit redonné à d'autres hommes d'oublier dans leurs actes et dans leurs écrits ce qu'ont valu pendant quatre ans le courage et le sacrifice de quelques Français.

## II

(*Combat,* 22 décembre 1944.)

La France a vécu beaucoup de tragédies qui, aujourd'hui, ont reçu leur dénouement. Elle en vivra encore beaucoup d'autres qui n'ont pas commencé. Mais il en est une que, depuis cinq ans, les hommes et les femmes de ce pays n'ont pas cessé de souffrir, c'est celle de la séparation.

La patrie lointaine, les amours tranchées, ces dialogues d'ombres que soutiennent deux êtres par-dessus les plaines et les montagnes d'Europe, ou ces monologues stériles que chacun poursuit dans l'attente de l'autre, ce sont les signes misérables de l'époque. Il y a cinq ans que des Français et des Françaises attendent. Il y a cinq ans que dans leur cœur sevré, ils luttent désespérément contre le temps, contre l'idée que l'absent vieillit et que toutes ces années sont perdues pour l'amour et le bonheur.

Oui, cette époque est celle de la séparation. On n'ose plus prononcer le mot de bonheur dans ces temps torturés. Et pourtant, des millions d'êtres, aujourd'hui, sont à sa recherche, et ces années ne sont pour eux qu'un sursis qui n'en finit plus, et au bout duquel ils espèrent que leur bonheur à nouveau sera possible.

Qui donc pourrait les en blâmer ? Et qui pourrait dire qu'ils ont tort ? Que serait la justice sans la chance du bonheur, de quoi servirait la liberté à la misère ? Nous le savons bien, nous autres Français, qui sommes entrés dans cette guerre, non pour le goût de la conquête, mais pour défendre justement une certaine idée du bonheur. Simplement, ce bonheur était assez farouche et assez pur pour qu'il nous parût mériter de traverser d'abord les années du malheur. Gardons donc la mémoire de ce bonheur et de ceux qui l'ont perdu. Cela ôtera de sa sécheresse à notre lutte et cela surtout donnera toute sa cruauté au malheur de la France et à la tragédie de ses enfants séparés.

Ce n'est pas le lieu ni le moment d'écrire que la séparation me paraît souvent la règle et que la réunion n'est que l'exception, le bonheur un hasard qui se prolonge. Ce qu'on attend de nous tous, ce sont les mots de l'espérance. Il est vrai que notre génération ne s'est jamais vu demander qu'une chose, qui était de se mettre à la hauteur du désespoir. Mais cela nous prépare mieux, peut-être, à parler de la plus grande espérance, celle qu'on va chercher à travers la misère du monde, et qui ressemble à une victoire. C'est la seule qui nous paraisse respectable. Il n'est qu'une chose dont nous ne puissions triompher, et c'est l'éternelle séparation puisqu'elle termine tout. Mais pour le reste, il n'y a rien que le courage et l'amour ne puissent mettre bout à bout. Un courage de cinq ans, un amour de cinq ans, c'est l'inhumaine épreuve que des Français et des Françaises se sont vu imposer, et qui mesure bien l'étendue de leur détresse.

C'est tout cela qu'on a eu l'idée de commémorer dans une Semaine de l'Absent. Une semaine, ce n'est pas grand-chose. C'est qu'il est plus facile d'être ingénieux dans le mal que dans le bien. Et quand nous voulons soulager des malheurs, nous n'avons pas tant de moyens, nous donnons de l'argent. J'espère seulement qu'on en donnera beaucoup. Puisque nous ne pouvons rien pour la douleur, faisons quelque chose pour la misère. La douleur en sera plus libre, et tous ces êtres frustrés auront ainsi le loisir de leurs souffrances. Pour beaucoup, ce sera un luxe dont ils sont privés depuis longtemps.

Mais que personne ne se croie quitte et que l'argent donné ne fasse pas les consciences tranquilles, il est des dettes inépuisables. Ceux et celles qui sont là-bas, cette immense foule mystérieuse et fraternelle, nous lui donnons le visage de ceux que nous connaissions et qui nous ont été arrachés. Mais nous savons bien, alors, que nous ne les avons pas assez aimés, que nous n'en avons pas assez profité, du temps où ils se tournaient vers nous. Personne ne les a assez aimés, et pas même leur patrie, puisqu'ils sont aujourd'hui où ils sont. Que du moins cette semaine, que « notre » semaine, ne nous fasse pas oublier « leurs » années. Qu'elle nous enseigne à ne pas les aimer d'un amour médiocre, qu'elle nous donne la mémoire et l'imagination qui seules peuvent nous rendre dignes d'eux. Par-dessus tout, qu'elle nous serve à oublier les plus vaines de nos paroles et à préparer le silence que nous leur offrirons, au jour difficile et merveilleux où ils seront devant nous.

# III

(*Combat*, 2 janvier 1945.)

Nous avons lu avec le respect et l'approbation qu'elle demandait la lettre d'un combattant, publiée hier par *Le Populaire*. Sa sévérité était légitime, ses condamnations fondées pour la plupart. Quant au désarroi et à l'amertume qu'elle exprimait, nous les avons assez soulignés, nous avons assez demandé qu'on soumette toute la nation à la règle de guerre, pour que nous n'y revenions pas.

Ceci dit, nous ne pouvons pas approuver dans la lettre de notre camarade la condamnation qu'il porte contre la jeunesse de l'arrière : « Jeunesse efflanquée, fantoche et ridicule qui se moque bruyamment de ce qui la dépasse, Victor Hugo ou le courage. » Non qu'il soit possible de contredire ce point de vue. Il n'est pas raisonné, en effet, il figure seulement un état d'âme que, d'ailleurs, toute une part de nous-mêmes comprend et approuve. Mais il est nécessaire, peut-être, de penser aux jeunes Français qui seraient tentés, à la lecture de cette lettre, de douter d'eux-mêmes, imaginant que c'est là ce qu'on peut penser d'eux et s'affligeant de donner à leurs aînés une image d'eux-mêmes aussi dérisoire et à ce point désespérante.

Car cette condamnation n'est pas fondée. Son défaut est d'être générale, elle est dictée par la légitime impatience de ceux qui ont souffert. Il y a dans toute amertume un jugement sur le monde. La déception pousse à généraliser et l'on parle d'une jeunesse tout entière quand on a contemplé quelques malheureux. Nous ne voulons pas défendre les malheureux dont il s'agit, mais nous croyons possible de témoigner pour cette jeunesse que les hommes de la collaboration ont insultée pendant des années et qu'il serait injuste de condamner dans le temps même où nous avons besoin d'elle.

La jeunesse de France n'a pas eu la tâche facile. Une part d'entre elle s'est battue. Et nous savons bien qu'au jour de l'insurrection, il y avait sur les barricades autant de visages d'enfants que de faces adultes. D'autres n'ont pas trouvé l'occasion de la lutte ou n'en ont pas eu la présence d'esprit. Aujourd'hui, tous sont dans l'expectative. Deux générations ont légué à cette jeunesse la défiance des idées et la pudeur des mots. La voici maintenant devant d'immenses tâches pour lesquelles aucun outil ne lui est donné. Elle n'a rien à faire et tout en ce monde la dépasse. Qui pourrait dire qu'elle est coupable ? J'ai vu récemment beaucoup de ces jeunes visages réunis dans une même salle. Je n'y ai lu que le sérieux et l'attention. Et justement, cette jeunesse est attentive. Cela veut dire aussi qu'elle attend et qu'à cet appel muet personne encore n'a répondu. Ce n'est pas elle, mais nous, mais le pays entier et le Gouvernement avec lui, qui sommes responsables de son isolement et de sa passivité.

On ne l'aidera pas avec les mots du mépris. On l'aidera par une main fraternelle et un langage viril. Ce pays qui a souffert si longtemps de vieillesse ne peut pas se passer de sa jeunesse. Mais sa jeunesse a besoin qu'on lui fasse confiance et qu'on l'entraîne dans un esprit de grandeur plutôt que dans un climat de détresse ou de dégoût. La France a connu le temps du courage désespéré. C'est peut-être ce courage sans avenir et sans douceur qui l'a sauvée pour finir. Mais cette violence d'une âme détournée de tout ne peut pas servir indéfiniment. Les Français n'ont certes pas besoin d'illusions. Ils sont déjà trop prompts à les entretenir. Mais la France ne peut pas vivre que de défiance et de refus. Sa jeunesse, en tout cas, a besoin qu'on la fournisse d'affirmations pour pouvoir s'affirmer elle-même.

Il est toujours difficile d'unir réellement ceux qui se battent et ceux qui attendent. La communauté de l'espoir ne suffit pas, il y faut celle des expériences. Mais s'il ne sera jamais possible de fondre dans un même esprit des hommes dont les souffrances sont différentes, ne faisons rien du moins qui puisse les opposer. Dans le cas qui nous occupe, n'ajoutons pas aux angoisses des jeunes Français une condamnation qui les révoltera s'ils en sentent l'injustice et qui les mettra en situation d'infériorité s'ils s'avisent de la trouver plausible. Nous avons bien des raisons de céder parfois à l'amertume. Mais dans la mesure du possible, il faut que nous la gardions pour nous.

Non, en vérité, cette jeunesse ne se moque pas de ce qui la dépasse. Celle que nous avons connue du moins n'a jamais ri que des grands mots ronflants et elle avait raison. Mais nous l'avons toujours vue silencieuse au milieu de la lutte ou devant le spectacle du courage. C'était la marque de sa qualité et la certitude d'une âme difficile qui ne demande qu'à s'employer, et qui n'est pas encore responsable de la solitude où on la laisse.

# IV

(*Combat*, 17 mai 1945.)

« Nous avons pour nourriture un litre de soupe à midi et du café avec trois cents grammes de pain le soir... Nous sommes couverts de poux et de puces... Tous les jours des Juifs meurent. Une fois morts, ils sont empilés dans un coin du camp et l'on attend qu'il y en ait suffisamment pour les enterrer... Alors, pendant des heures et des jours, le soleil aidant, une odeur infecte se répand dans le camp juif et sur le nôtre. »

Ce camp rempli de l'affreuse odeur de la mort est celui de Dachau. Nous le savions depuis longtemps, et le monde commence à se lasser de tant d'atrocités. Les délicats y trouvent de la monotonie et nous reprocheront d'en parler encore. Mais la France se trouvera peut-être une sensibilité plus neuve, quand elle saura que ce cri est jeté par un des milliers de déportés politiques de Dachau, huit jours après leur libération par les troupes américaines. Car ces hommes ont été maintenus dans leur camp en attendant un rapatriement qu'ils ne voient pas venir. Dans les lieux mêmes où ils ont cru atteindre l'extrémité de la détresse, ils connaissent aujourd'hui une souffrance plus extrême, puisqu'elle touche maintenant à leur confiance.

Les extraits que nous avons cités sont tirés d'une lettre de quatre pages d'un interné à sa famille. Nous en tenons les références à la disposition de tous. Beaucoup d'informations nous laissaient croire qu'il en était ainsi, en effet, de nos camarades déportés. Mais nous nous retenions d'en parler dans l'attente d'informations plus sûres. Aujourd'hui, ce n'est plus possible. Le premier message qui nous parvient de là-bas est décisif et nous devons crier notre indignation et notre colère. Il y a là une honte qui doit cesser.

Quand les campagnes allemandes regorgent de vivres et de produits, quand les officiers généraux hitlériens mangent à leur habitude, c'est une honte, en effet, que les internés politiques connaissent la faim. Quand les « déportés d'honneur » sont rapatriés immédiatement et en avion, c'est une honte que nos camarades connaissent encore les mêmes horizons désespérants qu'ils ont contemplés pendant des années. Ces hommes ne demandent pas grand-chose. Ils ne veulent pas de traitement de faveur. Ils ne réclament ni médailles, ni discours. Ils veulent seulement rentrer chez eux. Ils en ont assez. Ils ont bien voulu souffrir pour la Libération, mais ils ne peuvent pas comprendre qu'il faille souffrir de la Libération. Oui, ils en ont assez parce qu'on leur aura tout gâché jusqu'à cette victoire qui est aussi, et à un point que ce monde indifférent à l'esprit ne peut pas savoir, leur victoire.

Il faut qu'on sache qu'un seul des cheveux de ces hommes a plus d'importance pour la France et l'univers entier qu'une vingtaine de ces hommes politiques dont des nuées de photographes enregistrent les sourires. Eux, et eux seuls, ont été les gardiens de l'honneur et les témoins du courage. C'est pourquoi il faut qu'on sache que, s'il nous est déjà insupportable de les savoir au milieu de la faim et de la maladie, nous ne supporterons pas qu'on nous les désespère.

Dans cette lettre dont chaque ligne est une raison de fureur et de révolte pour le lecteur, notre camarade dit ce que fut le jour de la victoire à Dachau : « Pas un cri, dit-il, et pas une manifestation, cette journée ne nous apporte rien. » Comprend-on ce que cela veut dire quand il s'agit d'hommes qui, au lieu d'attendre que la victoire leur vienne de l'autre côté des mers, ont tout sacrifié pour hâter ce jour de leur plus chère espérance ? Le voilà donc, ce jour ! Et il faut cependant qu'il les trouve au milieu des cadavres et des puanteurs, arrêtés dans leur élan par des barbelés, interdits devant un monde que, dans leurs plus noires idées, ils n'avaient pu imaginer à ce point stupide et inconscient.

Nous nous arrêterons là. Mais si ce cri n'est pas entendu, si des mesures immédiates ne sont pas annoncées par les organismes alliés, nous répéterons cet appel, nous userons de tous les moyens dont nous disposons pour le crier par-dessus toutes les frontières, et faire savoir au monde quel est le sort que les démocraties victorieuses réservent aux témoins qui se sont laissé égorger pour que les principes qu'elles défendent aient au moins une apparence de vérité.

## V

(*Combat*, 19 mai 1945.)

Nous avons protesté avant-hier à propos du sort réservé aux déportés qui sont toujours dans les camps d'Allemagne. Nos camarades de *France-Soir* ont essayé hier de donner à notre protestation une interprétation politique que nous repoussons catégoriquement. Une semblable tentative n'est pas seulement puérile, elle est encore de mauvais ton à propos d'un problème si grave. Nous n'avons ici personne à défendre. Nous n'avons qu'une chose en vue : sauver les plus précieuses des vies françaises. Ni la politique, ni les susceptibilités nationales n'ont plus rien à faire au milieu de cette angoisse.

Ce n'est pas le moment en tout cas de faire des procès, car le procès serait général. C'est le moment de faire vite et de remuer brutalement les imaginations paresseuses et les cœurs insouciants qui nous coûtent aujourd'hui si cher. Il faut agir et agir vite, et si notre voix peut provoquer les remous nécessaires, nous l'emploierons sans épargner personne.

Les Américains nous promettent aujourd'hui de ramener 5 000 déportés par avions et par jour. Cette promesse arrive après notre appel et nous l'enregistrons avec joie et satisfaction. Mais il reste la question des camps en quarantaine. Les camps de Dachau et d'Allach sont décimés par le typhus. A la date du 6 mai, on comptait 120 décès par jour. Les médecins déportés qui sont là-bas demandent que la quarantaine se fasse, non plus dans le camp lui-même qui est surpeuplé et où chaque pouce de terrain est infecté, mais dans le camp de S.S. qui se trouve à quelques kilomètres et qui est propre et confortable. Cela n'a pas encore été obtenu et cela doit l'être.

Quand tout sera réglé, il faudra instruire les responsabilités et elles le seront. Mais il faut réveiller ceux qui dorment, tous ceux qui dorment, sans exception. Il faut leur dire par exemple qu'il est inadmissible que nos camarades déportés n'aient pas une correspondance régulière avec leur famille et que la patrie leur paraisse aujourd'hui aussi lointaine qu'aux jours de leur plus grand malheur. Il faut leur dire encore, et par exemple, que ce ne sont pas des conserves qu'on doit donner à ces organismes délabrés, mais une alimentation médicale qui demande tout un équipement et qui économisera quelques-unes de ces vies irremplaçables.

Nous continuerons en tout cas à protester jusqu'à ce que nous ayons reçu entière satisfaction. Si notre précédent article a soulevé de l'émotion, cela est tant mieux. Il eût mieux valu sans doute que l'émotion n'eût pas besoin d'un article pour naître. Il y a dans Dachau des spectacles qui auraient dû y suffire. Mais le temps n'est pas au regret, il est à l'action.

Pour tout dire en clair, ce n'est pas spécialement aux Américains que nous en avons. On sait du reste que nous faisons ici tout ce qu'il faut pour l'amitié américaine. Mais nous portons une accusation générale à propos de laquelle les responsables doivent se reconnaître, faire amende honorable, et tout mettre en ordre pour réparer leurs oublis et leurs erreurs.

Les hommes et les nations ne voient pas toujours où sont leur intérêt et leur vraie richesse.

Les gouvernements, quels qu'ils soient, des démocraties, sont en train de faire la preuve, dans ce cas particulier, qu'ils ignorent où sont leurs vraies élites. Elles sont dans ces camps infects, où quelques survivants d'une troupe héroïque se battent encore contre l'indifférence et la légèreté des leurs.

La France particulièrement a perdu les meilleurs de ses fils dans le combat volontaire de la Résistance. C'est une perte dont elle mesure tous les jours l'étendue. Chacun des hommes qui meurent aujourd'hui à Dachau accroît encore sa faiblesse et son malheur. Nous le savons trop ici pour ne pas être terriblement avares de ces hommes et pour ne pas les défendre de toutes nos forces, sans égards pour personne ni pour rien, jusqu'à ce qu'ils soient libérés pour la deuxième fois.

PESSIMISME ET TYRANNIE

# LE PESSIMISME ET LE COURAGE

(*Combat*, septembre 45.)

Depuis quelque temps déjà, on voit paraître des articles concernant des œuvres dont on suppose qu'elles sont pessimistes et dont on veut démontrer en conséquence qu'elles conduisent tout droit aux plus lâches servitudes. Le raisonnement est élémentaire. Une philosophie pessimiste est par essence une philosophie découragée et, pour ceux qui ne croient pas que le monde est bon, ils sont donc voués à accepter de servir la tyrannie. Le plus efficace de ces articles, parce que le meilleur, était celui de M. Georges Adam, dans *Les Lettres françaises*. M. George Rabeau, dans un des derniers numéros de *L'Aube*, reprend cette accusation sous le titre inacceptable : « Nazisme pas mort ? »

Je ne vois qu'une façon de répondre à cette campagne qui est d'y répondre ouvertement. Bien que le problème me dépasse, bien qu'il vise Malraux, Sartre et quelques autres plus importants que moi, je ne verrais que de l'hypocrisie à ne pas parler en mon nom. Je n'insisterai pas cependant sur le fond du débat. L'idée qu'une pensée pessimiste est forcément découragée est une idée puérile, mais qui a besoin

d'une trop longue réfutation. Je parlerai seulement de
la méthode de pensée qui a inspiré ces articles.

Disons tout de suite que c'est une méthode qui ne
veut pas tenir compte des faits. Les écrivains qui sont
visés par ces articles ont prouvé, à leur place et
comme ils l'ont pu, qu'à défaut de l'optimisme
philosophique le devoir de l'homme, du moins, ne
leur était pas étranger. Un esprit objectif accepterait
donc de dire qu'une philosophie négative n'est pas
incompatible, dans les faits, avec une morale de la
liberté et du courage. Il y verrait seulement l'occasion
d'apprendre quelque chose sur le cœur des hommes.

Cet esprit objectif aurait raison. Car cette coïnci-
dence, dans quelques esprits, d'une philosophie de la
négation et d'une morale positive figure, en fait, le
grand problème qui secoue douloureusement toute
l'époque. En bref, c'est un problème de civilisation et
il s'agit de savoir pour nous si l'homme, sans le
secours de l'éternel ou de la pensée rationaliste, peut
créer à lui seul ses propres valeurs. Cette entreprise
nous dépasse tous infiniment. Je le dis parce que je
le crois, la France et l'Europe ont aujourd'hui à créer
une nouvelle civilisation ou à périr.

Mais les civilisations ne se font pas à coups de
règle sur les doigts. Elles se font par la confrontation
des idées, par le sang de l'esprit, par la douleur et le
courage. Il n'est pas possible que des thèmes qui sont
ceux de l'Europe depuis cent ans soient jugés en un
tournemain, dans *L'Aube*, par un éditorialiste qui
attribue à Nietzsche, sans broncher, le goût de la
luxure, et à Heidegger l'idée que l'existence est
inutile. Je n'ai pas beaucoup de goût pour la trop
célèbre philosophie existentielle, et, pour tout dire,

j'en crois les conclusions fausses. Mais elle représente du moins une grande aventure de la pensée et il
est difficilement supportable de la voir soumettre,
comme le fait M. Rabeau, au jugement du confor-
misme le plus court.

C'est qu'en réalité ces thèmes et ces entreprises ne
sont pas appréciés en ce moment d'après les règles de
l'objectivité. Ils ne sont pas jugés dans les faits, mais
d'après une doctrine. Nos camarades communistes et
nos camarades chrétiens nous parlent du haut de
doctrines que nous respectons. Elles ne sont pas les
nôtres, mais nous n'avons jamais eu l'idée d'en parler
avec le ton qu'ils viennent de prendre à notre égard et
avec l'assurance qu'ils y apportent. Qu'on nous laisse
donc poursuivre, pour notre faible part, cette expérience et notre pensée. M. Rabeau nous reproche
d'avoir de l'audience. Je crois que c'est beaucoup
dire. Mais ce qu'il y a de vrai, c'est que le malaise qui
nous occupe est celui de toute une époque dont nous
ne voulons pas nous séparer. Nous voulons penser et
vivre dans notre histoire. Nous croyons que la vérité
de ce siècle ne peut s'attendre qu'en allant jusqu'au
bout de son propre drame. Si l'époque a souffert de
nihilisme, ce n'est pas en ignorant le nihilisme que
nous obtiendrons la morale dont nous avons besoin.
Non, tout ne se résume pas dans la négation ou
l'absurdité. Nous le savons. Mais il faut d'abord poser
la négation et l'absurdité puisque ce sont elles que
notre génération a rencontrées et dont nous avons à
nous arranger.

Les hommes qui sont mis en cause par ces articles
tentent loyalement par le double jeu d'une œuvre et
d'une vie de résoudre ce problème. Est-il si difficile

de comprendre qu'on ne peut régler en quelques lignes une question que d'autres ne sont pas sûrs de résoudre en s'y consacrant tout entiers ? Ne peut-on leur accorder la patience qu'on accorde à toute entreprise de bonne foi ? Ne peut-on enfin leur parler avec plus de modestie ?

J'arrête ici cette protestation. J'espère y avoir apporté de la mesure. Mais je voudrais qu'on la sente indignée. La critique objective est pour moi la meilleure des choses et j'admets sans peine qu'on dise qu'une œuvre est mauvaise ou qu'une philosophie n'est pas bonne pour le destin de l'homme. Il est juste que les écrivains répondent de leurs écrits. Cela leur donne à réfléchir et nous avons tous un terrible besoin de réfléchir. Mais tirer de ces principes des jugements sur la disposition à la servitude de tel ou tel esprit, surtout quand on a la preuve du contraire, en conclure que telle ou telle pensée doive forcément conduire au nazisme, c'est fournir de l'homme une image que je préfère ne pas qualifier et c'est donner de bien médiocres preuves de bienfaits moraux de la philosophie optimiste.

# DÉFENSE DE L'INTELLIGENCE

(Allocution prononcée au cours de la réunion organisée par l'Amitié française à la salle de la Mutualité, le 15 mars 1945.)

Si l'amitié française, dont il est question, ne devait être qu'un simple épanchement sentimental entre

personnes sympathiques, je n'en donnerais pas cher.
Ce serait le plus facile, mais ce serait le moins utile.
Et je suppose que les hommes qui en ont pris
l'initiative, ont voulu autre chose, une amitié plus
difficile qui fût une construction. Pour que nous ne
soyons pas tentés de céder à la facilité et de nous
contenter de congratulations réciproques, je voudrais
simplement, dans les dix minutes qui me sont
données, montrer les difficultés de l'entreprise. De
ce point de vue, je ne saurais mieux le faire qu'en
parlant de ce qui s'oppose toujours à l'amitié, je veux
dire le mensonge et la haine.

Nous ne ferons rien en effet pour l'amitié française, si nous ne nous délivrons pas du mensonge et
de la haine. Dans un certain sens, il est bien vrai que
nous n'en sommes pas délivrés. Nous sommes à leur
école depuis trop longtemps. Et c'est peut-être la
dernière et la plus durable victoire de l'hitlérisme que
ces marques honteuses laissées dans le cœur de ceux
mêmes qui l'ont combattu de toutes leurs forces.
Comment en serait-il autrement ? Depuis des années,
ce monde est livré à un déferlement de haine qui n'a
jamais eu son égal. Pendant quatre ans, chez nous-
mêmes, nous avons assisté à l'exercice raisonné de
cette haine. Des hommes comme vous et moi, qui le
matin caressaient des enfants dans le métro, se
transformaient le soir en bourreaux méticuleux. Ils
devenaient les fonctionnaires de la haine et de la
torture. Pendant quatre ans, ces fonctionnaires ont
fait marcher leur administration : on y fabriquait des
villages d'orphelins, on y fusillait des hommes en
pleine figure pour qu'on ne les reconnaisse pas, on y

faisait entrer les cadavres d'enfants à coups de talon dans des cercueils trop petits pour eux, on y torturait le frère devant la sœur, on y façonnait des lâches et on y détruisait les plus fières des âmes. Il paraît que ces histoires ne trouvent pas créance à l'étranger. Mais pendant quatre ans il a bien fallu qu'elles trouvent créance dans notre chair et notre angoisse. Pendant quatre ans, tous les matins, chaque Français recevait sa ration de haine et son soufflet. C'était le moment où il ouvrait son journal. Forcément, il est resté quelque chose de tout cela.

Il nous en est resté la haine. Il nous en est resté ce mouvement qui l'autre jour, à Dijon, jetait un enfant de quatorze ans sur un collaborateur lynché, pour lui crever le visage. Il nous en est resté cette fureur qui nous brûle l'âme au souvenir de certaines images et de certains visages. A la haine des bourreaux, a répondu la haine des victimes. Et les bourreaux partis, les Français sont restés avec leur haine en partie inemployée. Ils se regardent encore avec un reste de colère.

Eh bien, c'est de cela que nous devons triompher d'abord. Il faut guérir ces cœurs empoisonnés. Et demain, la plus difficile victoire que nous ayons à remporter sur l'ennemi, c'est en nous-mêmes qu'elle doit se livrer, avec cet effort supérieur qui transformera notre appétit de haine en désir de justice. Ne pas céder à la haine, ne rien concéder à la violence, ne pas admettre que nos passions deviennent aveugles, voilà ce que nous pouvons faire encore pour l'amitié et contre l'hitlérisme. Aujourd'hui encore, dans quelques journaux, on se laisse aller à la violence et à l'insulte. Mais alors, c'est à l'ennemi qu'on cède encore. Il s'agit au contraire et pour nous de ne jamais laisser la critique rejoindre l'insulte, il s'agit d'admettre que notre contradicteur puisse avoir raison et qu'en tout cas ses raisons, même mauvaises, puissent être désintéressées. Il s'agit enfin de refaire notre mentalité politique.

Qu'est-ce que cela signifie, si nous y réfléchissons ? Cela signifie que nous devons préserver l'intelligence. Car je suis persuadé que là est le problème. Il y a quelques années, alors que les nazis venaient de prendre le pouvoir, Goering donnait une juste idée de leur philosophie en déclarant : « Quand on me parle d'intelligence, je sors mon revolver. » Et cette philosophie débordait l'Allemagne. Dans le même temps et par toute l'Europe civilisée, les excès de l'intelligence et les tares de l'intellectuel étaient dénoncés. Les intellectuels mêmes, par une intéressante réaction, n'étaient pas les derniers à mener ce procès. Partout, les philosophies de l'instinct triomphaient et, avec elles, ce romantisme de mauvais aloi qui préfère sentir à comprendre, comme si les deux pouvaient se séparer. Depuis, l'intelligence n'a pas cessé d'être mise en cause. La guerre est venue, puis la défaite. Vichy nous a appris que la grande responsable était l'intelligence. Les paysans avaient trop lu Proust. Et tout le monde sait que *Paris-Soir,* Fernandel et les banquets des amicales étaient des signes d'intelligence. La médiocrité des élites dont la France se mourait, il paraît qu'elle avait sa source dans les livres.

Maintenant encore l'intelligence est maltraitée. Cela prouve seulement que l'ennemi n'est pas encore

vaincu. Et il suffit qu'on fasse l'effort de comprendre
sans idée préconçue, il suffit qu'on parle d'objectivité pour qu'on dénonce votre subtilité et pour qu'on
fasse le procès de toutes vos prétentions. Eh bien
non ! Et c'est cela qu'il faut réformer. Car je connais
comme tout le monde les excès de l'intelligence et je
sais comme tout le monde que l'intellectuel est un
animal dangereux qui a la trahison facile. Mais il
s'agit d'une intelligence qui n'est pas la bonne. Nous
parlons, nous, de celle qui s'appuie sur le courage,
de celle qui pendant quatre ans a payé le prix qu'il
fallait pour avoir le droit d'être respectée. Quand il
arrive que cette intelligence s'éteigne, c'est la nuit
des dictatures. C'est pourquoi nous avons à la
maintenir dans tous ses devoirs et tous ses droits.
C'est à ce prix, à ce seul prix, que l'amitié française
aura un sens. Car l'amitié est la science des hommes
libres. Et il n'y a pas de liberté sans intelligence et
sans compréhension réciproques.

Pour finir, c'est à vous, étudiants, que je m'adres-
serai ici. Je ne suis pas de ceux qui vous prêcheront
la vertu. Trop de Français la confondent avec la
pauvreté du sang. Si j'y avais quelque droit, je vous
prêcherais plutôt les passions. Mais je voudrais que,
sur un ou deux points, ceux qui feront l'intelligence
française de demain soient au moins résolus à ne
céder jamais. Je voudrais qu'ils ne cèdent pas quand
on leur dira que l'intelligence est toujours de trop,
quand on voudra leur prouver qu'il est permis de
mentir pour mieux réussir. Je voudrais qu'ils ne
cèdent ni à la ruse, ni à la violence, ni à la veulerie.
Alors, peut-être une amitié française sera possible
qui sera autre chose qu'un vain bavardage. Alors

peut-être, dans une nation libre et passionnée de vérité, l'homme recommencera à prendre ce goût de l'homme sans quoi le monde ne sera jamais qu'une immense solitude.

# DEUX ANS APRÈS

# DÉMOCRATIE ET MODESTIE

(*Combat*, février 47.)

Voici la rentrée. On va reprendre les tractations, les marchandages et les chicanes. Les mêmes problèmes qui nous excèdent depuis deux ans seront conduits dans les mêmes impasses. Et chaque fois qu'une voix libre s'essayera à dire, sans prétention, ce qu'elle en pense, une armée de chiens de garde de tout poil et de toute couleur aboiera furieusement pour couvrir son écho.

Rien de tout cela n'est réjouissant, bien entendu. Heureusement, quand on ne conserve que des espérances raisonnables, on se sent le cœur solide. Les Français qui ont vécu pleinement les dix dernières années y ont appris du moins à ne plus avoir peur pour eux-mêmes, mais seulement pour les autres. Ils ont réglé leur compte avec le pire. Désormais, ils sont tranquilles et fermes. Répétons donc tranquillement et fermement, avec cette inaltérable naïveté qu'on veut bien nous reconnaître, les principes élémentaires qui nous paraissent seuls propres à rendre acceptable la vie politique.

Il n'y a peut-être pas de bon régime politique, mais la démocratie en est assurément le moins mauvais. La démocratie ne se sépare pas de la notion de parti, mais la notion de parti peut très bien aller sans la démocratie. Cela arrive quand un parti ou un groupe d'hommes s'imagine détenir la vérité absolue. C'est pourquoi l'Assemblée et les députés ont besoin aujourd'hui d'une cure de modestie.

Toutes les raisons de cette modestie sont aussi bien réunies dans le monde d'aujourd'hui. Comment oublier que l'Assemblée Nationale, ni aucun gouvernement, n'ont les moyens de résoudre les problèmes qui nous assaillent ? La preuve en est qu'aucun de ces problèmes n'a été abordé par les députés sans que la querelle internationale y fût mise en évidence. Manquons-nous de charbon ? C'est que les Anglais nous refusent celui de la Ruhr et les Russes celui de la Sarre. Le pain fait-il défaut ? M. Blum et M. Thorez se renvoient à la face les tonnes et les quintaux de blé que Moscou et Washington auraient dû nous fournir. On ne saurait mieux prouver que le rôle de l'Assemblée et du Gouvernement ne peut être, pour le moment, qu'un rôle d'administration et que la France, enfin, est dans la dépendance.

La seule chose à faire serait de le reconnaître, d'en tirer les conséquences qui conviennent et d'essayer, par exemple, de définir en commun l'ordre international sans lequel aucun problème intérieur ne sera jamais réglé dans aucun pays. Autrement dit, il faudrait s'oublier un peu. Cela donnerait aux députés et aux partis un peu de cette modestie qui fait les bonnes et les vraies démocraties. Le démocrate, après tout, est celui qui admet qu'un adversaire peut avoir raison, qui le laisse donc s'exprimer et qui accepte de réfléchir à ses arguments. Quand des partis ou des hommes se trouvent assez persuadés de leurs raisons pour accepter de fermer la bouche de leurs contradicteurs par la violence, alors la démocratie n'est plus. Quelle que soit l'occasion de la modestie, celle-ci est donc salutaire aux républiques. La France, aujourd'hui, n'a plus les moyens de la puissance. Laissons à d'autres le soin de dire si cela est bien ou mal. Mais c'est une occasion. En attendant de retrouver cette puissance ou d'y renoncer, il reste encore à notre pays la possibilité d'être un exemple. Simplement, il ne pourrait l'être aux yeux du monde que s'il proclamait des vérités qu'il peut découvrir à l'intérieur de ses frontières, c'est-à-dire s'il affirmait, par l'exercice de son gouvernement, que la démocratie intérieure sera approximative tant que l'ordre démocratique international ne sera pas réalisé, et s'il posait en principe, enfin, que cet ordre, pour être démocratique, doit renoncer aux déchirements de la violence.

Ce sont là, on l'a déjà compris, des considérations volontairement inactuelles.

## LA CONTAGION

*(Combat,* 10 mai 1947.)

Il n'est pas douteux que la France soit un pays beaucoup moins raciste que tous ceux qu'il m'a été donné de voir. C'est pour cela qu'il est impossible d'accepter sans révolte les signes qui apparaissent, çà et là, de cette maladie stupide et criminelle.

Un journal du matin titre sur plusieurs colonnes, en première page : « L'assassin Raseta. » C'est un signe. Car il est bien évident que l'affaire Raseta est aujourd'hui à l'instruction et qu'il est impossible de donner une telle publicité à une si grave accusation, avant que cette instruction soit achevée.

Je dis tout de suite que je n'ai comme informations non suspectes sur l'affaire malgache, que des récits d'atrocités commises par les insurgés et des rapports sur certains aspects de la répression. En fait de conviction, je ne ressens donc qu'une égale répugnance envers les deux méthodes. Mais la question est de savoir si M. Raseta est un assassin ou non. Il est sûr qu'un honnête homme n'en décidera qu'une fois l'instruction terminée. En tout état de cause, aucun journaliste n'aurait osé un pareil titre si l'assassin supposé s'appelait Dupont ou Durand. Mais M. Raseta est malgache, et il doit être assassin de quelque façon. Un tel titre ne tire donc pas à conséquence.

Ce n'est pas le seul signe. On trouve normal que le malheureux étudiant qui a tué sa fiancée utilise, pour détourner les soupçons, la présence de « sidis », comme ils disent, dans la forêt de Sénart. Si des Arabes se promènent dans une forêt, le printemps n'a rien à y voir. Ce ne peut être que pour assassiner leurs contemporains.

De même, on est toujours sûr de tomber, au hasard des journées, sur un Français, souvent intelligent par ailleurs, et qui vous dit que les Juifs exagèrent vraiment. Naturellement, ce Français a un ami juif qui, lui, du moins... Quant aux millions de Juifs qui ont été torturés et brûlés, l'interlocuteur n'approuve pas ces façons, loin de là. Simplement, il trouve que les Juifs exagèrent et qu'ils ont tort de se soutenir les uns les autres, même si cette solidarité leur a été enseignée par le camp de concentration.

Oui, ce sont là des signes. Mais il y a pire. On a utilisé en Algérie, il y a un an, les méthodes de la répression collective. *Combat* a révélé l'existence de la chambre d'aveux « spontanés » de Fianarantsoa. Et ici non plus, je n'aborderai pas le fond du problème, qui est d'un autre ordre. Mais il faut parler de la manière, qui donne à réfléchir.

Trois ans après avoir éprouvé les effets d'une politique de terreur, des Français enregistrent ces nouvelles avec l'indifférence des gens qui en ont trop vu. Pourtant, le fait est là, clair et hideux comme la vérité : nous faisons, dans ces cas-là, ce que nous avons reproché aux Allemands de faire. Je sais bien qu'on nous en a donné l'explication. C'est que les rebelles malgaches, eux aussi, ont torturé des Français. Mais la lâcheté et le crime de l'adversaire n'excusent pas qu'on devienne lâche et criminel. Je n'ai pas entendu dire que nous ayons construit des fours crématoires pour nous venger des nazis. Jusqu'à preuve du contraire nous leur avons opposé des tribunaux. La preuve du droit, c'est la justice claire et ferme. Et c'est la justice qui devrait représenter la France.

En vérité, l'explication est ailleurs. Si les hitlériens ont appliqué à l'Europe les lois abjectes qui étaient les leurs, c'est qu'ils considéraient que leur race était supérieure et que la loi ne pouvait être la même pour les Allemands et pour les peuples esclaves. Si nous, Français, nous révoltions contre cette terreur, c'est que nous estimions que tous les Européens étaient égaux en droit et en dignité. Mais si, aujourd'hui, des Français apprennent sans révolte les méthodes que d'autres Français utilisent parfois envers des Algériens ou des Malgaches, c'est qu'ils vivent, de manière inconsciente, sur la certitude que nous sommes supérieurs en quelque manière à ces peuples et que le choix des moyens propres à illustrer cette supériorité importe peu.

Encore une fois, il ne s'agit pas de régler ici le problème colonial, ni de rien excuser. Il s'agit de détecter les signes d'un racisme qui déshonore tant de pays déjà et dont il faudrait au moins préserver le nôtre. Là était et devrait être notre vraie supériorité, et quelques-uns d'entre nous tremblent que nous la perdions. S'il est vrai que le problème colonial est le plus complexe de ceux qui se posent à nous, s'il est vrai qu'il commande l'histoire des cinquante années à venir, il est non moins vrai que nous ne pourrons jamais le résoudre si nous y introduisons les plus funestes préjugés.

Et il ne s'agit pas ici de plaider pour un sentimentalisme ridicule qui mêlerait toutes les races dans la même confusion attendrie. Les hommes ne se ressemblent pas, il est vrai, et je sais bien quelle profondeur de traditions me sépare d'un Africain ou d'un musulman. Mais je sais bien aussi ce qui m'unit à eux et qu'il est quelque chose en chacun d'eux que je ne puis mépriser sans me ravaler moi-même. C'est pourquoi il est nécessaire de dire clairement que ces signes, spectaculaires ou non, de racisme révèlent ce

qu'il y a de plus abject et de plus insensé dans le
cœur des hommes. Et c'est seulement lorsque nous en
aurons triomphé que nous garderons le droit difficile
de dénoncer, partout où il se trouve, l'esprit de
tyrannie ou de violence.

## ANNIVERSAIRE

(*Combat*, 7 mai 1947.)

Le 8 mai 1945, l'Allemagne signait la plus grande
capitulation de l'Histoire. Le général Jodl déclarait
alors : « Je considère que l'acte de reddition remet
l'Allemagne et le peuple allemand aux mains des
vainqueurs. » Dix-huit mois après, Jodl était pendu à
Nuremberg. Mais on n'a pu pendre 70 millions
d'habitants, l'Allemagne est toujours entre les mains
des vainqueurs, et, pour finir, ce jour anniversaire
n'est pas celui de la réjouissance. La victoire aussi a
ses servitudes.

C'est que l'Allemagne n'a pas cessé d'être en
accusation, et cela rend difficile, à un Français
surtout, de dire ou de faire des choses raisonnables à
ce sujet. Il y a deux ans, la radio de Flensburg
diffusait, sur l'ordre de Dœnitz, un appel où les
dirigeants provisoires du Reich abattu disaient leur
espoir que « l'atmosphère de haine qui entourait
l'Allemagne sur toute la terre serait peu à peu
remplacée par l'esprit de conciliation entre nations

sans lequel le monde ne peut pas se relever ». Cette lucidité venait cinq ans trop tard et l'espoir de Dœnitz ne s'est réalisé qu'à moitié. La haine de l'Allemagne a été remplacée par un bizarre sentiment où la méfiance et une vague rancune se mêlent à une indifférence lassée. Quant à l'esprit de conciliation...

Le silence de trois minutes qui a suivi l'annonce de la capitulation allemande se prolonge donc, interminablement, dans le mutisme où l'Allemagne occupée poursuit son existence hagarde, au milieu d'un monde qui ne lui oppose qu'une distraction un peu méprisante. Cela tient sans doute à ce que le nazisme, comme tous les régimes de proie, pouvait tout attendre du monde, sauf l'oubli. C'est lui qui nous mit à l'apprentissage de la haine. Et peut-être cette haine aurait-elle pu s'oublier, puisque la mémoire des hommes s'envole à la vitesse même où marche l'Histoire. Mais le calcul, la précision méticuleuse et glacée que le régime hitlérien y apportait sont restés dans tous les cœurs. Les fonctionnaires de la haine s'oublient moins vite que ses possédés. C'est un avertissement valable pour tous.

Il y a donc des choses que les hommes de mon âge ne peuvent plus oublier. Mais aucun d'entre nous, je crois, n'accepterait en ce jour anniversaire de piétiner un vaincu. La justice absolue est impossible, comme sont impossibles la haine ou l'amour éternels. C'est pourquoi il faut en revenir à la raison. Le temps de l'Apocalypse n'est plus. Nous sommes entrés dans celui de la médiocre organisation et des accommodements sans grandeur. Par sagesse et par goût pour le bonheur, il faut préférer celui-ci, bien qu'on sache qu'à force de médiocrité, on revienne aux apocalypses. Mais ce répit permet la réflexion et cette réflexion, au lieu de nous pousser aujourd'hui à réveiller des haines qui somnolent, devrait nous conduire au contraire à mettre les choses et l'Allemagne à leur vraie place.

Quels que soient notre passion intérieure et le souvenir de nos révoltes, nous savons bien que la paix du monde a besoin d'une Allemagne pacifiée, et qu'on ne pacifie pas un pays en l'exilant à jamais de l'ordre international. Si le dialogue avec l'Allemagne est encore possible, c'est la raison même qui demande qu'on le reprenne. Mais il faut dire, et avec la même force, que le problème allemand est un problème secondaire, bien qu'on veuille parfois en faire le premier de tous, pour détourner notre attention de ce qui crève les yeux. Ce qui crève les yeux, c'est qu'avant d'être une menace, l'Allemagne est devenue un enjeu entre la Russie et l'Amérique. Et les seuls problèmes urgents de notre siècle sont ceux qui concernent l'accord ou l'hostilité de ces deux puissances. Si cet accord est trouvé, l'Allemagne, et quelques autres pays avec elle, connaîtra un destin raisonnable. Dans le cas contraire, l'Allemagne sera plongée dans une immense défaite générale. C'est dire en même temps qu'en toute occasion la France doit préférer l'effort de raison à la politique de puissance. Il faut choisir aujourd'hui de faire des choses probablement inefficaces ou certainement criminelles. Il me semble que le choix n'est pas difficile.

Aussi bien, cet effort est une preuve de confiance en soi. C'est la preuve qu'on se sent assez ferme pour continuer, quoi qu'il arrive, à combattre et plaider pour la justice et la liberté. Le monde d'aujourd'hui n'est pas celui de l'espérance. Nous reviendrons peut-être à l'Apocalypse. Mais la capitulation de l'Allemagne, cette victoire contre toute raison et contre tout espoir, illustreront pour longtemps cette impuissance de la force dont Napoléon parlait avec mélancolie : « A la longue, Fontanes, l'esprit finit toujours par vaincre l'épée. » A la longue, oui... Mais après tout, une bonne règle de conduite est de penser que l'esprit libre a toujours raison et finit toujours par triompher, puisque le jour où il cessera d'avoir raison sera celui où l'humanité tout entière aura tort et où l'histoire des hommes aura perdu son sens.

## RIEN N'EXCUSE CELA

(*Combat,* 22 mars 1947.)

On a pu lire, dans notre numéro d'hier, la lettre courageuse que le R. P. Riquet, résistant et déporté, a écrite à M. Ramadier. J'ignore ce que les chrétiens peuvent penser à ce propos. Mais, pour ma part, je n'aurais pas la conscience tranquille à laisser cette lettre sans écho. Et il me semble, au contraire, qu'un incroyant doit se sentir obligé, plus que tout autre, à dire son indignation devant l'inqualifiable attitude, dans cette affaire, d'une partie de notre presse.

Je n'ai pas envie de justifier qui que ce soit. S'il est

vrai que des religieux ont conspiré contre l'État, ils relèvent, en effet, des lois que ce pays s'est données. Mais, à ma connaissance, et jusqu'à présent, la France n'a pas imaginé que la responsabilité pût devenir collective. Avant de dénoncer les couvents comme des nids d'assassins et de traîtres, l'Église tout entière comme le centre d'un vaste et obscur complot, on aurait voulu que les journalistes et les hommes de parti fissent seulement l'effort de se souvenir.

Peut-être auraient-ils retrouvé alors les images d'un temps où certains couvents couvraient, de leur silence, un complot bien différent. Peut-être auraient-ils consenti à mettre en face des tièdes et des défaillants l'exemple de quelques héros qui surent quitter sans discours leurs communautés pacifiques pour les communautés torturées des camps de destruction. Nous qui fûmes les premiers à dénoncer les complaisances de quelques dignitaires religieux, nous avons le droit d'écrire ceci à l'heure où d'autres journalistes oublient assez les devoirs et la dignité de leur profession pour se transformer en insulteurs.

Quelle que soit la responsabilité d'un gouvernement qui n'a visiblement révélé que ce qu'il lui convenait de dire et qui a choisi de le faire au moment le plus heureux pour lui, celle des journalistes est encore plus haute. Car ils ont nié ce qu'ils savaient, ils se sont détournés de ce qui reste notre seule justification et qui fut la communauté de nos souffrances pendant quatre ans. Pour des journaux qui ont eu l'honneur de la clandestinité, c'est un oubli impardonnable, un manquement à la mémoire la plus noble et un défi à la justice. Lorsque *Franc-Tireur,* répondant au Père Riquet, sans reproduire sa lettre, s'écrie : « Qui demeure fidèle à l'esprit de la Résistance ? Ceux qui essaient de soustraire à la justice les bourreaux des prêtres déportés ou ceux qui veulent les châtier ? », il oublie que s'il est une justice qui doit s'appliquer à l'ennemi, il en est une autre, supérieure devant l'esprit, et que l'on doit à ses frères d'armes. La justice la plus stricte demandait à cet égard que l'on fît l'effort de ne point mêler, dans la confusion d'une accusation générale, une poignée de prévenus à l'immense cohorte des innocents, oubliant de gaieté de cœur tous ceux qui se firent égorger. Non, décidément, rien n'excuse cela.

Mais à quoi bon, en vérité ? L'esprit de calcul rend sourd, nous parlons dans le désert. Qui se soucie aujourd'hui de la Résistance et de son honneur ? Après ces deux ans où tant d'espoirs furent saccagés, on se sent le cœur lourd à reprendre le même langage. Il le faut bien pourtant. On ne parle que de ce qu'on connaît, on a honte pour ceux qu'on aime et pour ceux-là seulement. J'entends d'ici les railleries. Eh quoi ! « Combat » est aujourd'hui avec l'Église. Cela, du moins, est sans importance. Les incroyants que nous sommes n'ont de haine que pour la haine, et tant qu'il y aura un souffle de liberté dans ce pays, ils continueront à refuser de rejoindre ceux qui hurlent et injurient, pour demeurer seulement avec ceux, quels qu'ils soient, qui témoignent.

NI VICTIMES NI BOURREAUX

# LE SIÈCLE DE LA PEUR

(*Combat,* novembre 1948.)

Le XVII⁰ siècle a été le siècle des mathématiques, le XVIII⁰ celui des sciences physiques, et le XIX⁰ celui de la biologie. Notre XX⁰ siècle est le siècle de la peur. On me dira que ce n'est pas là une science. Mais d'abord la science y est pour quelque chose, puisque ses derniers progrès théoriques l'ont amenée à se nier elle-même et puisque ses perfectionnements pratiques menacent la terre entière de destruction. De plus, si la peur en elle-même ne peut être considérée comme une science, il n'y a pas de doute qu'elle soit cependant une technique.

Ce qui frappe le plus, en effet, dans le monde où nous vivons, c'est d'abord, et en général, que la plupart des hommes (sauf les croyants de toutes espèces) sont privés d'avenir. Il n'y a pas de vie valable sans projection sur l'avenir, sans promesse de mûrissement et de progrès. Vivre contre un mur, c'est la vie des chiens. Eh bien ! les hommes de ma génération et de celle qui entre aujourd'hui dans les ateliers et les facultés ont vécu et vivent de plus en plus comme des chiens.

Naturellement, ce n'est pas la première fois que

des hommes se trouvent devant un avenir matérielle-
ment bouché. Mais ils en triomphaient ordinairement
par la parole et par le cri. Ils en appelaient à d'autres
valeurs, qui faisaient leur espérance. Aujourd'hui,
personne ne parle plus (sauf ceux qui se répètent),
parce que le monde nous paraît mené par des forces
aveugles et sourdes qui n'entendront pas les cris
d'avertissements, ni les conseils, ni les supplications.
Quelque chose en nous a été détruit par le spectacle
des années que nous venons de passer. Et ce quelque
chose est cette éternelle confiance de l'homme, qui
lui a toujours fait croire qu'on pouvait tirer d'un autre
homme des réactions humaines en lui parlant le
langage de l'humanité. Nous avons vu mentir, avilir,
tuer, déporter, torturer, et à chaque fois il n'était pas
possible de persuader ceux qui le faisaient de ne pas
le faire, parce qu'ils étaient sûrs d'eux et parce qu'on
ne persuade pas une abstraction, c'est-à-dire le
représentant d'une idéologie.

Le long dialogue des hommes vient de s'arrêter. Et,
bien entendu, un homme qu'on ne peut pas persuader
est un homme qui fait peur. C'est ainsi qu'à côté des
gens qui ne parlaient pas parce qu'ils le jugeaient
inutile s'étalait et s'étale toujours une immense
conspiration du silence, acceptée par ceux qui
tremblent et qui se donnent de bonnes raisons pour se
cacher à eux-mêmes ce tremblement, et suscitée par
ceux qui ont intérêt à le faire. « Vous ne devez pas
parler de l'épuration des artistes en Russie, parce que
cela profiterait à la réaction. » « Vous devez vous
taire sur le maintien de Franco par les Anglo-Saxons,
parce que cela profiterait au communisme. » Je
disais bien que la peur est une technique.

Entre la peur très générale d'une guerre que tout le monde prépare et la peur toute particulière des idéologies meurtrières, il est donc bien vrai que nous vivons dans la terreur. Nous vivons dans la terreur parce que la persuasion n'est plus possible, parce que l'homme a été livré tout entier à l'histoire et qu'il ne peut plus se tourner vers cette part de lui-même, aussi vraie que la part historique, et qu'il retrouve devant la beauté du monde et des visages ; parce que nous vivons dans le monde de l'abstraction, celui des bureaux et des machines, des idées absolues et du messianisme sans nuances. Nous étouffons parmi les gens qui croient avoir absolument raison, que ce soit dans leurs machines ou dans leurs idées. Et pour tous ceux qui ne peuvent vivre que dans le dialogue et dans l'amitié des hommes, ce silence est la fin du monde.

Pour sortir de cette terreur, il faudrait pouvoir réfléchir et agir suivant sa réflexion. Mais la terreur, justement, n'est pas un climat favorable à la réflexion. Je suis d'avis, cependant, au lieu de blâmer cette peur, de la considérer comme un des premiers éléments de la situation et d'essayer d'y remédier. Il n'est rien de plus important. Car cela concerne le sort d'un grand nombre d'Européens qui, rassasiés de violences et de mensonges, déçus dans leurs plus grands espoirs, répugnant à l'idée de tuer leurs semblables, fût-ce pour les convaincre, répugnent également à l'idée d'être convaincus de la même manière. Pourtant, c'est l'alternative où l'on place cette grande masse d'hommes en Europe, qui ne sont d'aucun parti, ou qui sont mal à l'aise dans celui qu'ils ont choisi, qui doutent que le socialisme soit réalisé en Russie, et le libéralisme en Amérique, qui reconnaissent, cependant, à ceux-ci et à ceux-là le droit d'affirmer leur vérité, mais qui leur refusent celui de l'imposer par le meurtre, individuel ou collectif. Parmi les puissants du jour, ce sont des hommes sans royaume. Ces hommes ne pourront faire admettre (je ne dis pas triompher mais admettre) leur point de vue, et ne pourront retrouver leur patrie que lorsqu'ils auront pris conscience de ce qu'ils veulent et qu'ils le diront assez simplement et assez fortement pour que leurs paroles puissent lier un faisceau d'énergies. Et si la peur n'est pas le climat de la juste réflexion, il leur faut donc d'abord se mettre en règle avec la peur.

Pour se mettre en règle avec elle, il faut voir ce qu'elle signifie et ce qu'elle refuse. Elle signifie et elle refuse le même fait : un monde où le meurtre est légitimé et où la vie humaine est considérée comme futile. Voilà le premier problème politique d'aujourd'hui. Et avant d'en venir au reste, il faut prendre position par rapport à lui. Préalablement à toute construction, il faut aujourd'hui poser deux questions : « Oui ou non, directement ou indirectement, voulez-vous être tué ou violenté ? Oui ou non, directement ou indirectement, voulez-vous tuer ou violenter ? » Tous ceux qui répondront non à ces deux questions sont automatiquement embarqués dans une série de conséquences qui doivent modifier leur façon de poser le problème. Mon projet est de préciser deux ou trois seulement de ces conséquences. En attendant, le lecteur de bonne volonté peut s'interroger et répondre.

## SAUVER LES CORPS

Ayant dit un jour que je ne saurais plus admettre, après l'expérience de ces deux dernières années, aucune vérité qui pût me mettre dans l'obligation, directe ou indirecte, de faire condamner un homme à mort, des esprits que j'estimais quelquefois m'ont fait remarquer que j'étais dans l'utopie, qu'il n'y avait pas de vérité politique qui ne nous amenât un jour à cette extrémité, et qu'il fallait donc courir le risque de cette extrémité ou accepter le monde tel qu'il était.

Cet argument était présenté avec force. Mais je crois d'abord qu'on n'y mettait tant de force que parce que les gens qui le présentaient n'avaient pas d'imagination pour la mort des autres. C'est un travers de notre siècle. De même qu'on s'y aime par téléphone et qu'on travaille non plus sur la matière, mais sur la machine, on y tue et on y est tué aujourd'hui par procuration. La propreté y gagne, mais la connaissance y perd.

Cependant cet argument a une autre force, quoique indirecte : il pose le problème de l'utopie. En somme, les gens comme moi voudraient un monde, non pas où l'on ne se tue plus (nous ne sommes pas si fous !), mais où le meurtre ne soit pas légitimé. Nous sommes ici dans l'utopie et la contradiction en effet. Car nous vivons justement dans un monde où le meurtre est légitimé, et nous devons le changer si nous n'en voulons pas. Mais il semble qu'on ne puisse le

changer sans courir la chance du meurtre. Le meurtre
nous renvoie donc au meurtre et nous continuerons de
vivre dans la terreur, soit que nous l'acceptions avec
résignation, soit que nous voulions la supprimer par
des moyens qui lui substitueront une autre terreur.

A mon avis, tout le monde devrait réfléchir à cela.
Car ce qui me frappe au milieu des polémiques, des
menaces et des éclats de la violence, c'est la bonne
volonté de tous. Tous, à quelques tricheurs près, de
la droite à la gauche, estiment que leur vérité est
propre à faire le bonheur des hommes. Et pourtant, la
conjonction de ces bonnes volontés aboutit à ce
monde infernal où des hommes sont encore tués,
menacés, déportés, où la guerre se prépare, et où il
est impossible de dire un mot sans être à l'instant
insulté ou trahi. Il faut donc en conclure que si des
gens comme nous vivent dans la contradiction, ils ne
sont pas les seuls, et que ceux qui les accusent
d'utopie vivent peut-être dans une utopie différente
sans doute, mais plus coûteuse à la fin.

Il faut donc admettre que le refus de légitimer le
meurtre nous force à reconsidérer notre notion de
l'utopie. A cet égard, il semble qu'on puisse dire
ceci : l'utopie est ce qui est en contradiction avec la
réalité. De ce point de vue, il serait tout à fait
utopique de vouloir que personne ne tue plus personne. C'est l'utopie absolue. Mais c'est une utopie à
un degré beaucoup plus faible que de demander que
le meurtre ne soit plus légitimé. Par ailleurs, les
idéologies marxiste et capitaliste, basées toutes deux
sur l'idée de progrès, persuadées toutes deux que
l'application de leurs principes doit amener fatale-
ment l'équilibre de la société, sont des utopies d'un

degré beaucoup plus fort. En outre, elles sont en train de nous coûter très cher.

On peut en conclure que, pratiquement, le combat qui s'engagera dans les années qui viennent ne s'établira pas entre les forces de l'utopie et celles de la réalité, mais entre des utopies différentes qui cherchent à s'insérer dans le réel et entre lesquelles il ne s'agit plus que de choisir les moins coûteuses. Ma conviction est que nous ne pouvons plus avoir raisonnablement l'espoir de tout sauver, mais que nous pouvons nous proposer au moins de sauver les corps, pour que l'avenir demeure possible.

On voit donc que le fait de refuser la légitimation du meurtre n'est pas plus utopique que les attitudes réalistes d'aujourd'hui. Toute la question est de savoir si ces dernières coûtent plus ou moins cher. C'est un problème que nous devons régler aussi, et je suis donc excusable de penser qu'on peut être utile en définissant, par rapport à l'utopie, les conditions qui sont nécessaires pour pacifier les esprits et les nations. Cette réflexion, à condition qu'elle se fasse sans peur comme sans prétention, peut aider à créer les conditions d'une pensée juste et d'un accord provisoire entre les hommes qui ne veulent être ni des victimes ni des bourreaux. Bien entendu, il ne s'agit pas, dans les articles qui suivront, de définir une position absolue, mais seulement de redresser quelques notions aujourd'hui travesties et d'essayer de poser le problème de l'utopie aussi correctement que possible. Il s'agit, en somme, de définir les conditions d'une pensée politique modeste, c'est-à-dire délivrée de tout messianisme, et débarrassée de la nostalgie du paradis terrestre.

## LE SOCIALISME MYSTIFIÉ

Si l'on admet que l'état de terreur, avoué ou non, où nous vivons depuis dix ans, n'a pas encore cessé, et qu'il fait aujourd'hui la plus grande partie du malaise où se trouvent les esprits et les nations, il faut voir ce qu'on peut opposer à la terreur. Cela pose le problème du socialisme occidental. Car la terreur ne se légitime que si l'on admet le principe : « La fin justifie les moyens. » Et ce principe ne peut s'admettre que si l'efficacité d'une action est posée en but absolu, comme c'est le cas dans les idéologies nihilistes (tout est permis, ce qui compte c'est de réussir), ou dans les philosophies qui font de l'histoire un absolu (Hegel, puis Marx : le but étant la société sans classe, tout est bon qui y conduit).

C'est là le problème qui s'est posé aux socialistes français, par exemple. Des scrupules leur sont venus. La violence et l'oppression dont ils n'avaient eu jusqu'ici qu'une idée assez abstraite, ils les ont vues à l'œuvre. Et ils se sont demandé s'ils accepteraient, comme le voulait leur philosophie, d'exercer eux-mêmes la violence, même provisoirement et pour un but pourtant différent. Un récent préfacier de Saint-Just, parlant d'hommes qui avaient des scrupules semblables, écrivait avec tout l'accent du mépris : « Ils ont reculé devant l'horreur. » Rien n'est plus vrai. Et ils ont par là mérité d'encourir le dédain d'âmes assez fortes et supérieures pour s'installer sans broncher dans l'horreur. Mais en même temps, ils ont donné une voix à cet appel angoissé venu des médiocres que nous sommes, qui se comptent par millions, qui font la matière même de l'histoire, et dont il faudra un jour tenir compte, malgré tous les dédains.

Ce qui nous paraît plus sérieux, au contraire, c'est d'essayer de comprendre la contradiction et la confusion où se sont trouvés nos socialistes. De ce point de vue, il est évident qu'on n'a pas réfléchi suffisamment à la crise de conscience du socialisme français telle qu'elle s'est exprimée dans un récent congrès. Il est bien évident que nos socialistes, sous l'influence de Léon Blum, et plus encore sous la menace des événements, ont mis au premier rang de leurs préoccupations des problèmes moraux (la fin ne justifie pas tous les moyens) qu'ils n'avaient pas soulignés jusqu'ici. Leur désir légitime était de se référer à quelques principes qui fussent supérieurs au meurtre. Il n'est pas moins évident que ces mêmes socialistes veulent conserver la doctrine marxiste ; les uns parce qu'ils pensent qu'on ne peut être révolutionnaire sans être marxiste ; les autres, par une fidélité respectable à l'histoire du parti qui les persuade qu'on ne peut, non plus, être socialiste sans être marxiste. Le dernier congrès du parti a mis en valeur ces deux tendances et la tâche principale de ce congrès a été d'en faire la conciliation. Mais on ne peut concilier ce qui est inconciliable.

Car il est clair que si le marxisme est vrai, et s'il y a une logique de l'histoire, le réalisme politique est légitime. Il est clair également que si les valeurs

morales préconisées par le parti socialiste sont
fondées en droit, alors le marxisme est faux absolument puisqu'il prétend être vrai absolument. De ce
point de vue, le fameux dépassement du marxisme
dans un sens idéaliste et humanitaire n'est qu'une
plaisanterie et un rêve sans conséquence. Marx ne
peut être dépassé, car il est allé jusqu'au bout de la
conséquence. Les communistes sont fondés raisonnablement à utiliser le mensonge et la violence dont ne
veulent pas les socialistes, et ils y sont fondés par les
principes mêmes et la dialectique irréfutable que les
socialistes veulent pourtant conserver. On ne pouvait
donc pas s'étonner de voir le congrès socialiste se
terminer par une simple juxtaposition de deux positions contradictoires, dont la stérilité s'est vue sanc-
tionnée par les dernières élections.

De ce point de vue, la confusion continue. Il fallait
choisir et les socialistes ne voulaient ou ne pouvaient
pas choisir.

Je n'ai pas choisi cet exemple pour accabler le
socialisme, mais pour éclairer les paradoxes où nous
vivons. Pour accabler les socialistes, il faudrait leur
être supérieur. Ce n'est pas encore le cas. Bien au
contraire, il me semble que cette contradiction est
commune à tous les hommes dont j'ai parlé, qui
désirent une société qui serait en même temps
heureuse et digne, qui voudraient que les hommes
soient libres dans une condition enfin juste, mais qui
hésitent entre une liberté où ils savent bien que la
justice est finalement dupée et une justice où ils
voient bien que la liberté est au départ supprimée.
Cette angoisse intolérable est généralement tournée
en dérision par ceux qui savent ce qu'il faut croire ou

ce qu'il faut faire. Mais je suis d'avis qu'au lieu de la moquer, il faut la raisonner et l'éclaircir, voir ce qu'elle signifie, traduire la condamnation quasi totale qu'elle porte sur le monde qui la provoque et dégager le faible espoir qui la soutient.

Et l'espoir réside justement dans cette contradiction parce qu'elle force ou forcera les socialistes au choix. Ou bien, ils admettront que la fin couvre les moyens, donc que le meurtre puisse être légitimé, ou bien ils renonceront au marxisme comme philosophie absolue, se bornant à en retenir l'aspect critique, souvent encore valable. S'ils choisissent le premier terme de l'alternative, la crise de conscience sera terminée et les situations clarifiées. S'ils admettent le second, ils démontreront que ce temps marque la fin des idéologies, c'est-à-dire des utopies absolues qui se détruisent elles-mêmes, dans l'histoire, par le prix qu'elles finissent par coûter. Il faudra choisir alors une autre utopie, plus modeste et moins ruineuse. C'est ainsi du moins que le refus de légitimer le meurtre force à poser la question.

Oui, c'est la question qu'il faut poser et personne, je crois, n'osera y répondre légèrement.


## LA RÉVOLUTION TRAVESTIE


Depuis août 1944, tout le monde parle chez nous de révolution, et toujours sincèrement, il n'y a pas de doute là-dessus. Mais la sincérité n'est pas une vertu en soi. Il y a des sincérités si confuses qu'elles sont pires que des mensonges. Il ne s'agit pas pour nous aujourd'hui de parler le langage du cœur, mais seulement de penser clair. Idéalement, la révolution est un changement des institutions politiques et économiques propre à faire régner plus de liberté et de justice dans le monde. Pratiquement, c'est l'ensemble des événements historiques, souvent malheureux, qui amènent cet heureux changement.

Peut-on dire aujourd'hui que ce mot soit employé dans son sens classique? Quand les gens entendent parler de révolution chez nous, et à supposer qu'ils gardent alors leur sang-froid, ils envisagent un changement de mode de la propriété (généralement la mise en commun des moyens de production) obtenu, soit par une législation selon les lois de la majorité, soit à l'occasion de la prise du pouvoir par une minorité.

Il est facile de voir que cet ensemble de notions n'a aucun sens dans les circonstances historiques actuelles. D'une part, la prise de pouvoir par la violence est une idée romantique que le progrès des armements a rendue illusoire. L'appareil répressif d'un gouvernement a toute la force des tanks et des avions. Il faudrait donc des tanks et des avions pour l'équilibrer seulement. 1789 et 1917 sont encore des dates, mais ce ne sont plus des exemples.

En supposant que cette prise du pouvoir soit cependant possible, qu'elle se fasse dans tous les cas par les armes ou par la loi, elle n'aurait d'efficacité que si la France (ou l'Italie ou la Tchécoslovaquie) pouvait être mise entre parenthèses et isolée du monde. Car, dans notre actualité historique, en 1946, une modification du régime de propriété entraînerait, par exemple, de telles répercussions sur les crédits américains que notre économie s'en trouverait menacée de mort. Une révolution de droite n'aurait pas plus de chances, à cause de l'hypothèque parallèle que nous crée la Russie par des millions d'électeurs communistes et sa situation de plus grande puissance continentale. La vérité, que je m'excuse d'écrire en clair, alors que tout le monde la connaît sans la dire, c'est que nous ne sommes pas libres, en tant que Français, d'être révolutionnaires. Ou du moins nous ne pouvons plus être des révolutionnaires solitaires parce qu'il n'y a plus, dans le monde, aujourd'hui, de politiques conservatrices ou socialistes qui puissent se déployer sur le seul plan national.

Ainsi, nous ne pouvons parler que de révolution internationale. Exactement, la révolution se fera à l'échelle internationale ou elle ne se fera pas. Mais quel est encore le sens de cette expression ? Il fut un temps où l'on pensait que la réforme internationale se ferait par la conjonction ou la synchronisation de plusieurs révolutions nationales ; une addition de miracles, en quelque sorte. Aujourd'hui, et si notre analyse précédente est juste, on ne peut plus penser qu'à l'extension d'une révolution qui a déjà réussi. C'est une chose que Staline a très bien vue et c'est l'explication la plus bienveillante qu'on puisse donner de sa politique (l'autre étant de refuser à la Russie le droit de parler au nom de la révolution).

Cela revient à considérer l'Europe et l'Occident comme une seule nation où une importante minorité bien armée pourrait vaincre et lutter pour prendre enfin le pouvoir. Mais la force conservatrice (en

l'espèce, les États-Unis) étant également bien armée,
il est facile de voir que la notion de révolution est
remplacée aujourd'hui par la notion de guerre idéologique. Plus précisément, la révolution internationale
ne va pas aujourd'hui sans un risque extrême de
guerre. Toute révolution de l'avenir sera une révolution étrangère. Elle commencera par une occupation
militaire ou, ce qui revient au même, par un chantage
à l'occupation. Elle n'aura de sens qu'à partir de la
victoire définitive de l'occupant sur le reste du
monde.

A l'intérieur des nations, les révolutions coûtent
déjà très cher. Mais, en considération du progrès
qu'elles sont censées amener, on accepte généralement la nécessité de ces dégâts. Aujourd'hui, le prix
que coûterait la guerre à l'humanité doit être objectivement mis en balance avec le progrès qu'on peut
espérer de la prise du pouvoir mondial par la Russie
ou l'Amérique. Et je crois d'une importance définitive qu'on en fasse la balance et que, pour une fois,
on apporte un peu d'imagination à ce que serait une
planète, où sont encore tenus au frais une trentaine
de millions de cadavres, après un cataclysme qui
nous coûterait dix fois plus.

Je ferai remarquer que cette manière de raisonner
est proprement objective. Elle ne fait entrer en ligne
que l'appréciation de la réalité, sans engager pour le
moment de jugements idéologiques ou sentimentaux.
Elle devrait, en tout cas, pousser à la réflexion ceux
qui parlent légèrement de révolution. Ce que ce mot
contient *aujourd'hui* doit être accepté en bloc ou
rejeté en bloc. S'il est accepté, on doit se reconnaître
responsable conscient de la guerre à venir. S'il est

rejeté, on doit, ou bien se déclarer partisan du *statu quo*, ce qui est l'utopie totale dans la mesure où elle suppose l'immobilisation de l'histoire, ou bien renouveler le contenu du mot révolution, ce qui présente un consentement à ce que j'appellerai l'utopie relative.

Après avoir un peu réfléchi à cette question, il me semble que les hommes qui désirent aujourd'hui changer efficacement le monde ont à choisir entre les charniers qui s'annoncent, le rêve impossible d'une histoire tout d'un coup stoppée, et l'acceptation d'une utopie relative qui laisse une chance à la fois à l'action et aux hommes. Mais il n'est pas difficile de voir qu'au contraire, cette utopie relative est la seule possible et qu'elle est seule inspirée de l'esprit de réalité. Quelle est la chance fragile qui pourrait nous sauver des charniers, c'est ce que nous examinerons dans un prochain article.

## DÉMOCRATIE ET DICTATURE INTERNATIONALES

Nous savons aujourd'hui qu'il n'y a plus d'îles et que les frontières sont vaines. Nous savons que dans un monde en accélération constante, où l'Atlantique se traverse en moins d'une journée, où Moscou parle à Washington en quelques heures, nous sommes forcés à la solidarité ou à la complicité, suivant les cas. Ce que nous avons appris pendant les années 40, c'est que l'injure faite à un étudiant de Prague frappait en même temps l'ouvrier de Clichy, que le sang répandu quelque part sur les bords d'un fleuve du Centre européen devait amener un paysan du Texas à verser le sien sur le sol de ces Ardennes qu'il voyait pour la première fois. Il n'était pas comme il n'est plus une seule souffrance, isolée, une seule torture en ce monde qui ne se répercute dans notre vie de tous les jours.

Beaucoup d'Américains voudraient continuer à vivre enfermés dans leur société qu'ils trouvent bonne. Beaucoup de Russes voudraient peut-être continuer à poursuivre l'expérience étatiste à l'écart du monde capitaliste. Ils ne le peuvent et ne le pourront plus jamais. De même, aucun problème économique, si secondaire apparaisse-t-il, ne peut se régler aujourd'hui en dehors de la solidarité des nations. Le pain de l'Europe est à Buenos-Aires, et les machines-outils de Sibérie sont fabriquées à Detroit. Aujourd'hui, la tragédie est collective.

Nous savons donc tous, sans l'ombre d'un doute, que le nouvel ordre que nous cherchons ne peut être seulement national ou même continental, ni surtout occidental ou oriental. Il doit être universel. Il n'est plus possible d'espérer des solutions partielles ou des concessions. Le compromis, c'est ce que nous vivons, c'est-à-dire l'angoisse pour aujourd'hui et le meurtre pour demain. Et pendant ce temps, la vitesse de l'histoire et du monde s'accélère. Les vingt et un sourds, futurs criminels de guerre, qui discutent aujourd'hui de paix échangent leurs monotones dialogues, tranquillement assis au centre d'un rapide qui les entraîne vers le gouffre, à mille kilomètres à l'heure. Oui, cet ordre universel est le seul problème du moment et qui passe toutes les querelles de constitution et de loi électorale. C'est lui qui exige que nous lui appliquions les ressources de nos intelligences et de nos volontés.

Quels sont aujourd'hui les moyens d'atteindre cette unité du monde, de réaliser cette révolution internationale, où les ressources en hommes, les matières premières, les marchés commerciaux et les richesses spirituelles pourront se trouver mieux redistribuées ? Je n'en vois que deux et ces deux moyens définissent notre ultime alternative. Ce monde peut être unifié, d'en haut, comme je l'ai dit hier, par un seul État plus puissant que les autres. La Russie ou l'Amérique peuvent prétendre à ce rôle. Je n'ai rien, et aucun des hommes que je connais n'a rien à répliquer à l'idée défendue par certains, que la Russie ou l'Amérique ont les moyens de régner et d'unifier ce monde à l'image de leur société. J'y répugne en tant que Français, et plus encore en tant que Méditerranéen. Mais je ne tiendrai aucun compte de cet argument sentimental.

Notre seule objection, la voici, telle que je l'ai définie dans un dernier article : cette unification ne peut se faire sans la guerre ou, tout au moins, sans un risque extrême de guerre. J'accorderai encore, ce que je ne crois pas, que la guerre puisse ne pas être atomique. Il n'en reste pas moins que la guerre de demain laisserait l'humanité si mutilée et si appauvrie que l'idée même d'un ordre y deviendrait définitivement anachronique. Marx pouvait justifier comme il l'a fait la guerre de 1870, car elle était la guerre du fusil Chassepot et elle était localisée. Dans les perspectives du marxisme, cent mille morts ne sont rien, en effet, au prix du bonheur de centaines de millions de gens. Mais la mort certaine de centaines de millions de gens, pour le bonheur supposé de ceux qui restent, est un prix trop cher. Le progrès vertigineux des armements, fait historique ignoré par Marx, force à poser de nouvelle façon le problème de la fin et des moyens.

Et le moyen, ici, ferait éclater la fin. Quelle que soit la fin désirée, si haute et si nécessaire soit-elle, qu'elle veuille ou non consacrer le bonheur des hommes, qu'elle veuille consacrer la justice ou la liberté, le moyen employé pour y parvenir représente un risque si définitif, si disproportionné en grandeur avec les chances de succès, que nous refusons objectivement de le courir. Il faut donc en revenir au deuxième moyen propre à assurer cet ordre universel, et qui est l'accord mutuel de toutes les parties. Nous ne nous demanderons pas s'il est possible, considérant ici qu'il est justement le seul possible. Nous nous demanderons d'abord ce qu'il est.

Cet accord des parties a un nom qui est la démocratie internationale. Tout le monde en parle à l'O.N.U., bien entendu. Mais qu'est-ce que la démocratie internationale ? C'est une démocratie qui est internationale. On me pardonnera ici ce truisme, puisque les vérités les plus évidentes sont aussi les plus travesties.

Qu'est-ce que la démocratie nationale ou internationale ? C'est une forme de société où la loi est au-dessus des gouvernants, cette loi étant l'expression de la volonté de tous, représentée par un corps législatif. Est-ce là ce qu'on essaie de fonder aujourd'hui ? On

nous prépare, en effet, une loi internationale. Mais
cette loi est faite ou défaite par des gouvernements,
c'est-à-dire par l'exécutif. Nous sommes donc en
régime de dictature internationale. La seule façon
d'en sortir est de mettre la loi internationale au-
dessus des gouvernements, donc de faire cette loi,
donc de disposer d'un parlement, donc de constituer
ce parlement au moyen d'élections mondiales aux-
quelles participeront tous les peuples. Et puisque
nous n'avons pas ce parlement, le seul moyen est de
résister à cette dictature internationale sur un plan
international et selon des moyens qui ne contrediront
pas la fin poursuivie.


## LE MONDE VA VITE


Il est évident pour tous que la pensée politique se
trouve de plus en plus dépassée par les événements.
Les Français, par exemple, ont commencé la guerre
de 1914 avec les moyens de la guerre de 1870 et la
guerre de 1939 avec les moyens de 1918. Mais aussi
bien la pensée anachronique n'est pas une spécialité
française. Il suffira de souligner ici que, pratiquement, les grandes politiques d'aujourd'hui prétendent
régler l'avenir du monde au moyen de principes
formés au XVIII$^e$ siècle en ce qui concerne le libéralisme capitaliste, et au XIX$^e$ en ce qui regarde le
socialisme, dit scientifique. Dans le premier cas, une
pensée née dans les premières années de l'industria-

lisme moderne et dans le deuxième cas, une doctrine contemporaine de l'évolutionnisme darwinien et de l'optimisme renanien se proposent de mettre en équation l'époque de la bombe atomique, des mutations brusques et du nihilisme. Rien ne saurait mieux illustrer le décalage de plus en plus désastreux qui s'effectue entre la pensée politique et la réalité historique.

Bien entendu, l'esprit a toujours du retard sur le monde. L'histoire court pendant que l'esprit médite. Mais ce retard inévitable grandit aujourd'hui à proportion de l'accélération historique. Le monde a beaucoup plus changé dans les cinquante dernières années qu'il ne l'avait fait auparavant en deux cents ans. Et l'on voit le monde s'acharner aujourd'hui à régler des problèmes de frontières quand tous les peuples savent que les frontières sont aujourd'hui abstraites. C'est encore le principe des nationalités qui a fait semblant de régner à la Conférence des Vingt et un.

Nous devons tenir compte de cela dans notre analyse de la réalité historique. Nous centrons aujourd'hui nos réflexions autour du problème allemand, qui est un problème secondaire par rapport au choc d'empires qui nous menace. Mais si, demain, nous concevions des solutions internationales en fonction du problème russo-américain, nous risquerions de nous voir à nouveau dépassés. Le choc d'empires est déjà en passe de devenir secondaire, par rapport au choc des civilisations. De toutes parts, en effet, les civilisations colonisées font entendre leurs voix. Dans dix ans, dans cinquante ans, c'est la prééminence de la civilisation occidentale qui sera remise en question. Autant donc y penser tout de suite et ouvrir le Parlement mondial à ces civilisations, afin que sa loi devienne vraiment universelle, et universel l'ordre qu'elle consacre.

Les problèmes que pose aujourd'hui le droit de veto sont faussés parce que les majorités ou les minorités qui s'opposent à l'O.N.U. sont fausses. L'U.R.S.S. aura toujours le droit de réfuter la loi de la majorité tant que celle-ci sera une majorité de ministres, et non une majorité de peuples représentés par leurs délégués et tant que tous les peuples, précisément, n'y seront pas représentés. Le jour où cette majorité aura un sens, il faudra que chacun lui obéisse ou rejette sa loi, c'est-à-dire déclare ouvertement sa volonté de domination.

De même, si nous gardons constamment à l'esprit cette accélération du monde, nous risquons de trouver la bonne manière de poser le problème économique d'aujourd'hui. On n'envisageait plus, en 1930, le problème du socialisme comme on le faisait en 1848. A l'abolition de la propriété avait succédé la technique de la mise en commun des moyens de production. Et cette technique, en effet, outre qu'elle réglait en même temps le sort de la propriété, tenait compte de l'échelle agrandie où se posait le problème économique. Mais, depuis 1930, cette échelle s'est encore accrue. Et, de même que la solution politique sera internationale, ou ne sera pas, de même la solution économique doit viser *d'abord* les moyens de production internationaux : pétrole, charbon et uranium. Si collectivisation il doit y avoir, elle doit porter sur les ressources indispensables à tous et qui, en effet, ne doivent être à personne. Le reste, tout le reste, relève du discours électoral.

Ces perspectives sont utopiques aux yeux de certains, mais pour tous ceux qui refusent d'accepter la chance d'une guerre, c'est cet ensemble de principes qu'il convient d'affirmer et de défendre sans aucune réserve. Quant à savoir les chemins qui peuvent nous rapprocher d'une semblable conception, ils ne peuvent pas s'imaginer sans la réunion des anciens socialistes et des hommes d'aujourd'hui, solitaires à travers le monde.

Il est possible, en tout cas, de répondre une nouvelle fois, et pour finir, à l'accusation d'utopie. Car, pour nous, la chose est simple : ce sera l'utopie ou la guerre, telle que nous la préparent des méthodes de pensée périmées. Le monde a le choix aujourd'hui entre la pensée politique anachronique et la pensée utopique. La pensée anachronique est en train de nous tuer. Si méfiants que nous soyons (et que je sois), l'esprit de réalité nous force donc à revenir à cette utopie relative. Quand elle sera rentrée dans l'Histoire, comme beaucoup d'autres utopies du même genre, les hommes n'imagineront plus d'autre réalité. Tant il est vrai que l'Histoire n'est que l'effort désespéré des hommes pour donner corps aux plus clairvoyants de leurs rêves.

## UN NOUVEAU CONTRAT SOCIAL

Je me résume. Le sort des hommes de toutes les nations ne sera pas réglé avant que soit réglé le problème de la paix et de l'organisation du monde. Il n'y aura de révolution efficace nulle part au monde avant que cette révolution-là soit faite. Tout ce qu'on dit d'autre, en France, aujourd'hui, est futile ou intéressé. J'irai même plus loin. Non seulement le mode de propriété ne sera changé durablement en aucun point du globe, mais les problèmes les plus simples, comme le pain de tous les jours, la grande faim qui tord les ventres d'Europe, le charbon, ne recevront aucune solution tant que la paix ne sera pas créée.

Toute pensée qui reconnaît loyalement son incapacité à justifier le mensonge et le meurtre est amenée à cette conclusion, pour peu qu'elle ait le souci de la vérité. Il lui reste donc à se conformer tranquillement à ce raisonnement.

Elle reconnaîtra ainsi : 1º que la politique intérieure, considérée dans sa solitude, est une affaire proprement secondaire et d'ailleurs impensable ; 2º que le seul problème est la création d'un ordre international qui apportera finalement les réformes de structure durables par lesquelles la révolution se définit ; 3º qu'il n'existe plus, à l'intérieur des nations, que des problèmes d'administration qu'il faut régler provisoirement, et du mieux possible, en attendant un règlement politique plus efficace parce que plus général.

Il faudra dire, par exemple, que la Constitution française ne peut se juger qu'en fonction du service qu'elle rend ou qu'elle ne rend pas à un ordre international fondé sur la justice et le dialogue. De ce point de vue, l'indifférence de notre Constitution aux plus simples libertés humaines est condamnable. Il faudra reconnaître que l'organisation provisoire du ravitaillement est dix fois plus importante que le problème des nationalisations ou des statistiques électorales. Les nationalisations ne seront pas viables dans un seul pays. Et si le ravitaillement ne peut pas se régler non plus sur le seul plan national, il est du moins plus pressant et il impose le recours à des expédients, même provisoires.

Tout cela peut donner, par conséquent, à notre jugement sur la politique intérieure le critérium qui lui manquait jusque-là. Trente éditoriaux de *L'Aube* auront beau s'opposer tous les mois à trente édito-riaux de *L'Humanité*, ils ne pourront nous faire oublier que ces deux journaux, avec les partis qu'ils représentent et les hommes qui les dirigent, ont accepté l'annexion sans référendum de Brigue et Tende, et qu'ils se sont ainsi rejoints dans une même entreprise de destruction à l'égard de la démocratie internationale. Que leur volonté soit bonne ou mau-vaise, M. Bidault et M. Thorez favorisent également le principe de la dictature internationale. De ce point de vue, et quoi qu'on puisse en penser, ils représen-tent dans notre politique, non pas la réalité, mais l'utopie la plus malheureuse.

Oui, nous devons enlever son importance à la politique intérieure. On ne guérit pas la peste avec les moyens qui s'appliquent aux rhumes de cerveau. Une crise qui déchire le monde entier doit se régler à l'échelle universelle. L'ordre pour tous, afin que soit diminué pour chacun le poids de la misère et de la peur, c'est aujourd'hui notre objectif logique. Mais cela demande une action et des sacrifices, c'est-à-dire des hommes. Et s'il y a beaucoup d'hommes aujourd'hui, qui, dans le secret de leur cœur, maudissent la violence et la tuerie, il n'y en a pas beaucoup qui veuillent reconnaître que cela les force à reconsidérer leur pensée ou leur action. Pour ceux qui voudront faire cet effort cependant, ils y trouveront une espérance raisonnable et la règle d'une action.

Ils admettront qu'ils n'ont pas grand-chose à attendre des gouvernements actuels, puisque ceux-ci vivent et agissent selon des principes meurtriers. Le seul espoir réside dans la plus grande peine, celle qui consiste à reprendre les choses à leur début pour refaire une société vivante à l'intérieur d'une société condamnée. Il faut donc que ces hommes, un à un, refassent entre eux, à l'intérieur des frontières et par-dessus elles, un nouveau contrat social qui les unisse suivant des principes plus raisonnables.

Le mouvement pour la paix dont j'ai parlé devrait pouvoir s'articuler à l'intérieur des nations sur des communautés de travail et, par-dessus les frontières, sur des communautés de réflexion, dont les premières, selon des contrats de gré à gré sur le mode coopératif, soulageraient le plus grand nombre possible d'individus et dont les secondes s'essaieraient à définir les valeurs dont vivra cet ordre international, en même temps qu'elles plaideraient pour lui, en toute occasion.

Plus précisément, la tâche de ces dernières serait d'opposer des paroles claires aux confusions de la terreur et de définir en même temps les valeurs indispensables à un monde pacifié. Un code de

justice internationale dont le premier article serait
l'abolition générale de la peine de mort, une mise au
clair des principes nécessaires à toute civilisation du
dialogue pourraient être ses premiers objectifs. Ce
travail répondrait aux besoins d'une époque qui ne
trouve dans aucune philosophie les justifications
nécessaires à la soif d'amitié qui brûle aujourd'hui
les esprits occidentaux. Mais il est bien évident qu'il
ne s'agirait pas d'édifier une nouvelle idéologie. Il
s'agirait seulement de rechercher un style de vie.

Ce sont là, en tout cas, des motifs de réflexion et je
ne puis m'y étendre dans le cadre de ces articles.
Mais, pour parler plus concrètement, disons que des
hommes qui décideraient d'opposer, en toutes circonstances, l'exemple à la puissance, la prédication à
la domination, le dialogue à l'insulte et le simple
honneur à la ruse ; qui refuseraient tous les avantages
de la société actuelle et n'accepteraient que les
devoirs et les charges qui les lient aux autres
hommes ; qui s'appliqueraient à orienter l'enseigne-
ment surtout, la presse et l'opinion ensuite, suivant
les principes de conduite dont il a été question
jusqu'ici, ces hommes-là n'agiraient pas dans le sens
de l'utopie, c'est l'évidence même, mais selon le
réalisme le plus honnête. Ils prépareraient l'avenir et,
par là, feraient dès aujourd'hui tomber quelques-uns
des murs qui nous oppressent. Si le réalisme est l'art
de tenir compte, à la fois, du présent et de l'avenir,
d'obtenir le plus en sacrifiant le moins, qui ne voit
que la réalité la plus aveuglante serait alors leur
part ?

Ces hommes se lèveront ou ne se lèveront pas, je
n'en sais rien. Il est probable que la plupart d'entre

eux réfléchissent en ce moment et cela est bien. Mais il est sûr que l'efficacité de leur action ne se séparera pas du courage avec lequel ils accepteront de renoncer, pour l'immédiat, à certains de leurs rêves, pour ne s'attacher qu'à l'essentiel qui est le sauvetage des vies. Et arrivé ici, il faudra peut-être, avant de terminer, élever la voix.

## VERS LE DIALOGUE

Oui, il faudrait élever la voix. Je me suis défendu jusqu'à présent de faire appel aux forces du sentiment. Ce qui nous broie aujourd'hui, c'est une logique historique que nous avons créée de toutes pièces et dont les nœuds finiront par nous étouffer. Et ce n'est pas le sentiment qui peut trancher les nœuds d'une logique qui déraisonne, mais seulement une raison qui raisonne dans les limites qu'elle se connaît. Mais je ne voudrais pas, pour finir, laisser croire que l'avenir du monde peut se passer de nos forces d'indignation et d'amour. Je sais bien qu'il faut aux hommes de grands mobiles pour se mettre en marche et qu'il est difficile de s'ébranler soi-même pour un combat dont les objectifs sont si limités et où l'espoir n'a qu'une part à peine raisonnable. Mais il n'est pas question d'entraîner des hommes. L'essentiel, au contraire, est qu'ils ne soient pas entraînés et qu'ils sachent bien ce qu'ils font.

Sauvez ce qui peut encore être sauvé, pour rendre

l'avenir seulement possible, voilà le grand mobile, la passion et le sacrifice demandés. Cela exige seulement qu'on y réfléchisse et qu'on décide clairement s'il faut encore ajouter à la peine des hommes pour des fins toujours indiscernables, s'il faut accepter que le monde se couvre d'armes et que le frère tue le frère à nouveau, ou s'il faut, au contraire, épargner autant qu'il est possible le sang et la douleur pour donner seulement leur chance à d'autres générations qui seront mieux armées que nous.

Pour ma part, je crois être à peu près sûr d'avoir choisi. Et, ayant choisi, il m'a semblé que je devais parler, dire que je ne serais plus jamais de ceux, quels qu'ils soient, qui s'accommodent du meurtre et en tirer les conséquences qui conviennent. La chose est faite et je m'arrêterai donc aujourd'hui. Mais, auparavant, je voudrais qu'on sente bien dans quel esprit j'ai parlé jusqu'ici.

On nous demande d'aimer ou de détester tel ou tel pays et tel ou tel peuple. Mais nous sommes quelques-uns à trop bien sentir nos ressemblances avec tous les hommes pour accepter ce choix. La bonne façon d'aimer le peuple russe, en reconnaissance de ce qu'il n'a jamais cessé d'être, c'est-à-dire le levain du monde dont parlent Tolstoï et Gorki, n'est pas de lui souhaiter les aventures de la puissance, c'est de lui épargner, après tant d'épreuves passées, une nouvelle et terrible saignée. Il en est de même pour le peuple américain et pour la malheureuse Europe. C'est le genre de vérités élémentaires qu'on oublie dans les fureurs du jour.

Oui, ce qu'il faut combattre aujourd'hui, c'est la peur et le silence, et avec eux la séparation des esprits et des âmes qu'ils entraînent. Ce qu'il faut défendre, c'est le dialogue et la communication universelle des hommes entre eux. La servitude, l'injustice, le mensonge sont les fléaux qui brisent cette communication et interdisent ce dialogue. C'est pourquoi nous devons les refuser. Mais ces fléaux sont aujourd'hui la matière même de l'histoire et, partant, beaucoup d'hommes les considèrent comme des maux nécessaires. Il est vrai, aussi bien, que nous ne pouvons pas échapper à l'histoire, puisque nous y sommes plongés jusqu'au cou. Mais on peut prétendre à lutter dans l'histoire pour préserver cette part de l'homme qui ne lui appartient pas. C'est là tout ce que j'ai voulu dire. Et dans tous les cas, je définirai mieux encore cette attitude et l'esprit de ces articles par un raisonnement dont je voudrais, avant de finir, qu'on le médite loyalement.

Une grande expérience met en marche aujourd'hui toutes les nations du monde, selon les lois de la puissance et de la domination. Je ne dirai pas qu'il faut empêcher ni laisser se poursuivre cette expérience. Elle n'a pas besoin que nous l'aidions et, pour le moment, elle se moque que nous la contrariions. L'expérience se poursuivra donc. Je poserai simplement cette question : « Qu'arrivera-t-il si l'expérience échoue, si la logique de l'histoire se dément, sur laquelle tant d'esprits se reposent pourtant ? » Qu'arrivera-t-il si, malgré deux ou trois guerres, malgré le sacrifice de plusieurs générations et de quelques valeurs, nos petits-fils, en supposant qu'ils existent, ne se retrouvent pas plus rapprochés de la société universelle ? Il arrivera que les survivants de cette expérience n'auront même plus la force d'être les témoins de leur propre agonie. Puisque donc l'expérience se poursuit et qu'il est inévitable qu'elle se poursuive encore, il n'est pas mauvais que des hommes se donnent pour tâche de préserver, au long de l'histoire apocalyptique qui nous attend, la réflexion modeste qui, sans prétendre tout résoudre, sera toujours prête à un moment quelconque, pour fixer un sens à la vie de tous les jours. L'essentiel est que ces hommes pèsent bien, et une fois pour toutes, le prix qu'il leur faudra payer.

Je puis maintenant conclure. Tout ce qui me paraît désirable, en ce moment, c'est qu'au milieu du monde du meurtre, on se décide à réfléchir au meurtre et à choisir. Si cela pouvait se faire, nous nous partagerions alors entre ceux qui acceptent à la rigueur d'être des meurtriers et ceux qui s'y refusent de toutes leurs forces. Puisque cette terrible division existe, ce sera au moins un progrès que de la rendre claire. A travers cinq continents, et dans les années qui viennent, une interminable lutte va se poursuivre entre la violence et la prédication. Et il est vrai que les chances de la première sont mille fois plus grandes que celles de la dernière. Mais j'ai toujours pensé que si l'homme qui espérait dans la condition humaine était un fou, celui qui désespérait des événements était un lâche. Et désormais, le seul honneur sera de tenir obstinément ce formidable pari qui décidera enfin si les paroles sont plus fortes que les balles.

# DEUX RÉPONSES A EMMANUEL D'ASTIER DE LA VIGERIE

# PREMIÈRE RÉPONSE

(*Caliban*, nº 16.)

Je passerai sur le titre, imprudent à mon avis, que vous avez donné à votre réponse [1]. Je passerai aussi sur deux ou trois contradictions dont je ne veux pas tirer avantage. Je ne cherche pas à avoir raison contre vous, et ce qui m'intéresse, c'est de vous répondre sur l'essentiel. Là commence mon embarras. Car vous n'avez justement pas parlé de l'essentiel, et les objections que vous me faites me paraissent le plus souvent secondaires ou sans objet. Si je veux y répondre d'abord, c'est seulement pour avoir le champ libre.

Ce n'est pas me réfuter en effet que de réfuter la non-violence. Je n'ai jamais plaidé pour elle. Et c'est une attitude qu'on me prête pour la commodité d'une polémique. Je ne pense pas qu'il faille répondre aux coups par la bénédiction. Je crois que la violence est inévitable, les années d'occupation me l'ont appris. Pour tout dire, il y a eu, en ce temps-là, de terribles violences qui ne m'ont posé aucun problème. Je ne dirai donc point qu'il faut supprimer toute violence,

1. *Arrachez la victime aux bourreaux.* Caliban, nº 15.

ce qui serait souhaitable, mais utopique, en effet. Je dis seulement qu'il faut refuser toute légitimation de la violence, que cette légitimation lui vienne d'une raison d'État absolue, ou d'une philosophie totalitaire. La violence est à la fois inévitable et injustifiable. Je crois qu'il faut lui garder son caractère exceptionnel et la resserrer dans les limites qu'on peut. Je ne prêche donc ni la non-violence, j'en sais malheureusement l'impossibilité, ni, comme disent les farceurs, la sainteté : je me connais trop pour croire à la vertu toute pure. Mais dans un monde où l'on s'emploie à justifier la terreur avec des arguments opposés, je pense qu'il faut apporter une limitation à la violence, la cantonner dans certains secteurs quand elle est inévitable, amortir ses effets terrifiants en l'empêchant d'aller jusqu'au bout de sa fureur. J'ai horreur de la violence confortable. J'ai horreur de ceux dont les paroles vont plus loin que les actes. C'est en cela que je me sépare de quelques-uns de nos grands esprits, dont je m'arrêterai de mépriser les appels au meurtre quand ils tiendront eux-mêmes les fusils de l'exécution.

Au début de votre article, vous me demandez pour quelles raisons je me suis placé du côté de la Résistance. C'est une question qui n'a pas de sens pour un certain nombre d'hommes, dont je suis. Je ne m'imaginais pas ailleurs, voilà tout. Il me semblait, et il me semble toujours, qu'on ne peut pas être du côté des camps de concentration. J'ai compris alors que je détestais moins la violence, que les institutions de la violence. Et pour être tout à fait précis, je me souviens très bien du jour où la vague de la révolte qui m'habitait a atteint son sommet. C'était un matin,

à Lyon, et je lisais dans le journal l'exécution de
Gabriel Péri.

C'est ce qui donne le droit aux hommes dont je
suis (et à eux seuls, d'Astier !) de crier leur dégoût et
leur mépris à l'actuel gouvernement grec et de le
combattre par des moyens qui seront finalement plus
efficaces que les vôtres. Les hommes d'Athènes sont
d'abjects bourreaux. Ils ne sont pas les seuls, mais ils
viennent de faire éclater à la face du monde la
culpabilité, ordinairement mieux travestie, de la
société bourgeoise. Je connais votre réponse. A la
limite, vous prétendrez que pour que les communistes
grecs ne soient pas fusillés, il faut réduire au silence
ou liquider le nombre nécessaire de non-
communistes. Ceci suppose que seuls les communistes méritent d'être sauvés, parce que, seuls, ils sont
dans la vérité. Je dis, moi, qu'ils le méritent en effet,
mais au même titre que les autres hommes. Je dis que
le répugnant problème qui se pose à nous ne peut pas
recevoir une solution qui soit seulement statistique.
La punition des bourreaux ne peut pas signifier la
multiplication des victimes. Et nous devons prendre,
en nous-mêmes et autour de nous, des mesures (une
mesure) pour que le jugement nécessaire ne coïncide
pas avec une apocalypse sans lendemain. Tout le
reste est morale primitive ou folie de l'orgueil. Même
si la violence que vous préconisez était plus progressive, comme disent nos philosophes-spectateurs, je
dirais encore qu'il faut la limiter. Mais l'est-elle ?
C'est le fond du problème sur lequel je reviendrai.
Dans tous les cas, lorsque vous me plaignez d'être
un résigné, je puis bien dire que cette commisération

n'a pas d'objet. Votre erreur est excusable, d'ailleurs. Nous sommes au temps des hurlements et un homme qui refuse cette ivresse facile fait figure de résigné. J'ai le malheur de ne pas aimer les parades, civiles ou militaires. Laissez-moi vous dire cependant, sans élever le ton, que la vraie résignation conduit à l'aveugle orthodoxie et le désespoir aux philosophies de la violence. C'est assez vous dire que je ne me résignerai jamais à rien de ce à quoi vous avez déjà consenti.

Je ne crois pas non plus qu'il soit raisonnable ni généreux de m'accuser d'être un intellectuel et de préférer la préservation de ma vie intérieure à la libération de l'homme. Vous êtes venu tard à la conscience politique, dites-vous ? Je le savais. Mais cette conversion, si elle n'a rien que d'honorable, ne vous confère pas le privilège de nier d'un trait de plume les années que d'autres ont consacrées, avec plus ou moins de bonheur, à lutter contre toutes les forces de la tyrannie. Elle devrait au contraire vous pousser à vous interroger sur les raisons que peuvent avoir aujourd'hui ces mêmes hommes de se dresser contre les entraînements de la violence. La condamnation que ceux qui me ressemblent ont opposée, activement, à la société du profit et de la puissance, ne date pas d'hier. Si vous consentez justement à vous interroger, alors autant vous dire que j'ai l'illusion, parlant contre vous, de parler encore contre la société bourgeoise.

Un des vôtres m'envoie son livre sur le marxisme, courtoisement d'ailleurs, mais en notant que je n'ai pas appris la liberté dans Marx. Il est vrai : je l'ai apprise dans la misère. Mais la plupart d'entre vous ne savent pas ce que ce mot veut dire. Et je parle justement au nom de ceux qui ont partagé cette misère avec moi et dont je sais que le premier désir est d'avoir la paix parce qu'ils savent qu'ils n'auront pas la justice dans la guerre. Objectivement, comme vous dites, ceux-là ont-ils tort ? Nous le verrons. Mais n'accusez pas alors les intellectuels ou la vie intérieure, et reconnaissez clairement que dans votre système un ouvrier opposant ne s'admet pas plus qu'un intellectuel dissident. Dites ouvertement que c'est la notion même d'opposition qui est en cause. Alors nous serons dans la vérité, et il vous restera à justifier cette belle théorie. Et nous dialoguerons sur cette justification.

C'est bien ici que nous approchons du vrai problème. Mais auparavant, il faut que je démente les positions que vous me prêtez à deux reprises. Ce n'est pas le capitalisme et le socialisme que j'ai renvoyés dos à dos (vous le savez bien, d'ailleurs), mais celles de leurs idéologies qui ont pris la forme conquérante, c'est-à-dire le libéralisme impérialiste et le marxisme. Et de ce point de vue, je maintiendrai ce que j'ai affirmé, que ces idéologies, nées il y a un siècle, au temps de la machine à vapeur et de l'optimisme scientifique béat, sont aujourd'hui périmées, et incapables, sous leur forme actuelle, de résoudre les problèmes qui se posent au siècle de l'atome et de la relativité.

Vous avez choisi la machine à vapeur et c'est cela même qui vous empêche de voir, par exemple, qu'on peut objecter beaucoup de choses à l'idée d'un parlement mondial, sauf, comme vous le dites, de codifier l'anarchie. L'anarchie, au sens vulgaire, n'existe dans une société que lorsque chacun fait ce qu'il veut et tout ce qu'il veut. Et l'anarchie de notre société internationale tient justement à ce que chaque nation n'obéit qu'à elle-même à un moment où il n'y a plus d'économie nationale. L'anarchie, aujourd'hui, c'est la souveraineté, et il est facile de voir que c'est vous qui la défendez, au profit indirect de quelques États bourgeois ou policiers.

Mais ces malentendus me paraissent inévitables parce que vous n'avez pas abordé l'essentiel. C'est à lui qu'il faut en venir maintenant.

Je n'ai dit qu'une chose dans le raisonnement que j'ai essayé de tenir ici même. J'ai dit qu'aucune nation d'Europe n'était plus libre de faire seule sa révolution, que la révolution serait mondiale ou ne serait pas, mais qu'elle ne pouvait avoir la figure de nos vieux rêves : elle devait passer aujourd'hui par la guerre idéologique. Et j'ai simplement demandé qu'on réfléchisse à cela dont personne ne veut parler. Vous n'avez pas dit si cette analyse vous paraissait vraie ou fausse, mais c'est pourtant elle qu'il faudrait discuter. Car ce n'est pas discuter que de dire que je renonce à 1789 et 1917. Ceci est absurde. Dans les choses de l'esprit et de l'histoire, il y a des héritages qu'on ne peut renoncer. Ce n'est pas discuter non plus que de dire que je mets guerre et révolution dans le même sac. Car ici vous déformez gravement ce que vous avez dû pourtant lire : j'ai seulement écrit, qu'aujourd'hui, en 1948, guerre et révolution se confondaient. Vous vous bornez à refuser le paci- fisme, d'ailleurs raisonnable, que mon analyse impliquait, en invoquant l'importance de l'enjeu et le prix qu'il faut payer pour la libération humaine. Et sans doute Marx n'a pas reculé en 1870 devant l'éloge de la guerre dont il pensait qu'elle devait faire progresser par ses conséquences les mouvements d'émancipation. Mais il s'agissait d'une guerre relativement économique et Marx raisonnait en fonction du fusil chassepot qui est une arme d'écolier. Aujourd'hui vous et moi savons que les lendemains d'une guerre atomique sont inimaginables et que parler de l'émancipation humaine dans un monde dévasté par une troisième guerre mondiale a quelque chose qui ressemble à une provocation. Allez donc expliquer aux habitants de Saint-Malo ou de Caen qu'une troisième guerre doit améliorer leur sort !

Sur le plan théorique, on peut admettre que le matérialisme dialectique exige les sacrifices les plus considérables en fonction d'une société juste dont la probabilité sera très forte. Que signifient ces sacrifices, si la probabilité est réduite à rien, s'il s'agit d'une société qui agonisera dans les décombres d'un continent atomisé ? C'est la seule question qui se pose. Je me la suis posée et je ne me suis pas reconnu le droit de recommander autre chose que la lutte contre la guerre, et le très long effort qui doit réaliser une vraie démocratie internationale. Pour tout dire, je ne vois pas comment un esprit soucieux de justice, et acquis à un idéal de libération, pourrait choisir autre chose. Si donc la justice était seule en question, aucun socialiste par exemple, aucune conscience politique en tout cas, ne devrait se refuser à adopter cette position. Et si une partie de l'intelligence

européenne, loin de l'adopter, la combat au contraire,
c'est qu'il ne s'agit pas de la justice, cela est clair.
C'est ici que commence la mystification qui veut nous
faire croire que la politique de puissance, quelle
qu'elle soit, peut nous amener une société meilleure
où la libération sociale sera enfin réalisée. La
politique de puissance signifie la préparation à la
guerre. La préparation à la guerre, et à plus forte
raison la guerre elle-même, rendent justement impossible cette libération sociale. La libération sociale et
la dignité ouvrière dépendent étroitement de la
création d'un ordre international. La seule question
est de savoir si on y arrivera par la guerre ou par la
paix. C'est à propos de ce choix que nous devons nous
réunir ou nous séparer. Tous les autres choix me
paraissent futiles.

Vous dites que pour supprimer la guerre, il faut
supprimer le capitalisme. Je le veux bien. Mais pour
supprimer le capitalisme, il vous faut lui faire la
guerre. Ceci est absurde, et je continue de penser
qu'on ne combat pas le mauvais par le pire, mais par
le moins mauvais. Vous me direz qu'il s'agit de la
dernière guerre, celle qui va tout arranger. J'ai bien
peur, en effet, qu'elle soit la dernière et dans tous les
cas, je m'inquiète de voir lancer des hommes dans
cette nouvelle aventure en leur disant, une fois de
plus, qu'il faut le faire pour que leurs enfants ne
voient pas ça. A la vérité, le monde capitaliste et
Staline lui-même hésitent devant la guerre. Mais vous,
qui vous dites socialiste, vous semblez ne pas hésiter.
Ce n'est paradoxal qu'en apparence et je voudrais
vous dire pourquoi, aussi simplement que je le pourrai.

Un certain aspect critique du marxisme me paraît toujours valable. Mais si j'étais marxiste, j'aurais tiré de la grande notion de mystification l'idée que les meilleures intentions, y compris celles qui sous-tendent le marxisme d'aujourd'hui, peuvent être mystifiées. Il y avait dans Marx une leçon de modestie qui me semble en passe d'être oubliée. Il y avait aussi dans Marx une soumission à la réalité, et une humilité devant l'expérience qui l'auraient sans doute conduit à reviser quelques-uns des points de vue que ses disciples d'aujourd'hui veulent désespé-rément maintenir dans la sclérose du dogme. Il me semble impensable que Marx lui-même, devant la désintégration de l'atome et devant la croissance terrifiante des moyens de destruction, n'eût pas été amené à reconnaître que les données objectives du problème révolutionnaire avaient changé. C'est aussi que Marx aimait les hommes (les vrais, les vivants, et non ceux de la douzième génération qu'il vous est plus facile d'aimer, puisqu'ils ne sont pas là pour dire quelle est la sorte d'amour dont ils ne veulent pas).

Mais certains marxistes, eux, ne veulent pas voir que les données objectives ont changé. Et il y a beaucoup de choses depuis cinquante ans dont ils n'ont pas voulu tenir compte. C'est qu'ils préfèrent à l'histoire telle qu'elle est l'idée qu'ils se font de l'histoire. C'est la faiblesse rationaliste. Marx a cru qu'il avait corrigé Hegel. Mais ce qu'il a véhiculé de Hegel a triomphé de lui chez ses successeurs. La raison en est simple et je vais vous la dire, non pas avec le dédain des juges, mais avec l'angoisse de quelqu'un qui connaît trop bien sa complicité avec son époque entière pour se croire lavé de tout

reproche. Les marxistes du XX<sup>e</sup> siècle (et ils ne sont
pas les seuls) se trouvent à l'extrémité de cette longue
tragédie de l'intelligence contemporaine qu'on ne
pourrait résumer qu'en écrivant l'histoire de l'orgueil
européen. Il y avait dans Lénine Marx et Netchaiev.
C'est Netchaiev qui triomphe peu à peu. Et le
rationalisme le plus absolu que l'histoire ait connu
finit, comme il est logique, par s'identifier au
nihilisme le plus absolu. En vérité, malgré vos
affirmations, la justice n'est plus en cause. Ce qui est
en cause, c'est un mythe prodigieux de divinisation
de l'homme, de domination, d'unification de l'univers
par les seuls pouvoirs de la raison humaine. Ce qui
est en cause, c'est la conquête de la totalité, et la
Russie croit être l'instrument de ce messianisme sans
Dieu. Que pèsent la justice, la vie de quelques
générations, la douleur humaine, auprès de ce
mysticisme démesuré ? Rien, à proprement parler.
Quelques intelligences aux formidables ambitions
mènent une armée de croyants vers une terre sainte
imaginaire. Pendant un quart de siècle, les marxistes
ont vraiment conduit le monde. Mais ils avaient alors
les yeux ouverts. Ils le conduisent toujours par la
force de l'élan, mais en tenant désormais les yeux
fermés. S'ils ne les ouvrent pas à temps, ils se
briseront au pied d'un mur d'orgueil et des millions
d'hommes paieront le prix de cette superbe. Toute
idée fausse finit dans le sang, mais il s'agit toujours
du sang des autres. C'est ce qui explique que certains
de nos philosophes se sentent à l'aise pour dire
n'importe quoi.

Désespérant de la justice immédiate, les marxistes
qui se disent orthodoxes ont choisi de dominer le

monde au nom d'une justice future. D'une certaine
manière, ils ne sont plus sur cette terre, malgré les
apparences. Ils sont dans la logique. Et c'est au nom
de la logique, que pour la première fois dans
l'histoire intellectuelle de la France, des écrivains
d'avant-garde ont appliqué leur intelligence à justifier les fusilleurs, quitte à protester ensuite au nom
d'une catégorie bien déterminée de fusillés. Il y a
fallu beaucoup de philosophie, mais on y est arrivé,
la philosophie ne coûte rien. C'est que l'histoire
intellectuelle n'a plus de sens. Il s'agit d'histoire
religieuse et les inquisitions, si on les en croit, n'ont
jamais supplicié les hommes que pour leur vrai
bonheur. J'ignore si vous en êtes arrivé là. Mais je
veux cependant vous dire, parce que cela est vrai,
que vous avez choisi la vocation meurtrière de
l'intelligence et que vous l'avez choisie par une
curieuse sorte de désespoir et de résignation.

Ces perspectives vous paraîtront peut-être démesu-
rées. Elles sont pourtant les vraies et l'histoire
d'aujourd'hui n'est si sanglante que parce que l'intelligence européenne, trahissant son héritage et sa
vocation, a choisi la démesure, par goût du pathéti-
que et de l'exaltation. Il faut partir de ces perspectives pour rester dans la vérité du moment. Ce sont
elles en tout cas qui me permettront, pour finir, de
répondre à la seule partie de votre article que je ne
puisse accepter. Vous me menacez d'une complicité
inconsciente ou objective avec la société bourgeoise.
J'ai répondu en partie à cette menace. Mais ce serait
peu de dire que je vous refuse le droit de formuler
cette accusation. Je vous refuse le droit de vous croire

vous-même les mains nettes. Nous sommes dans un nœud de l'histoire où la complicité est totale. Et non seulement vous n'échappez pas à cette servitude, mais vous ne faites aucun effort pour y échapper. Mon seul avantage sur vous est que, de mon côté, j'aurai fait cet effort et j'aurai plaidé, comme je le devais, au nom de mon métier et au nom de tous les miens, pour que diminue *dès maintenant* l'atroce douleur des hommes.

Quand vous aurez terminé cette réponse, au contraire, je voudrais seulement que vous vous demandiez de quoi, objectivement, vous vous êtes fait le complice consentant. Vous apercevrez peut-être alors cette tache de sang intellectuelle dont Lautréamont disait que toute l'eau de la mer ne suffirait pas à la laver. Rassurez-vous, Lautréamont était poète. Et à défaut de l'eau de la mer, quelque chose pourra toujours vous laver : un aveu sincère d'ignorance. Ceux qui prétendent tout savoir et tout régler finissent par tout tuer. Un jour vient où ils n'ont pas d'autre règle que le meurtre, d'autre science que la pauvre scolastique qui, de tout temps, servit à justifier le meurtre. Et ils n'ont point d'autre issue, sinon de reconnaître précisément qu'ils ne savent pas tout. Que certains d'entre nous disent leur ignorance sur deux ou trois points, comme je l'ai fait, et vous pouvez en tirer avantage. Mais c'est l'avantage dont vivent tous les coupables jusqu'au moment de l'aveu. J'attendrai donc qu'une modestie vous vienne. Et d'ici là, c'est ma propre ignorance qui m'empêchera toujours de vous condamner absolument. Comment le pourrais-je d'ailleurs ? Ce qui peut vous arriver de pire est de voir triompher ce que vous avez essayé de défendre devant moi. Car, ce jour-là, vous aurez raison sans doute, au sens où ce monde misérable l'entend. Mais vous aurez raison au milieu du silence et des charniers. C'est une victoire que je ne vous envierai jamais.

## DEUXIÈME RÉPONSE

(*La Gauche*, octobre 1948.)

Ma seconde réponse sera la dernière. Il y a dans votre long article[1] un ton qui me force à abréger. Mais je vous dois encore quelques éclaircissements :

1° J'ai été contraint de vous signaler que je suis né dans une famille ouvrière. Ce n'est pas un argument (je n'en ai jamais usé jusqu'ici). C'est une rectification. Tant de fois, la feuille où vous m'avez répondu et celles qui essayent de rivaliser avec elle dans le mensonge m'ont présenté comme fils de bourgeois, qu'il faut bien, *une fois au moins,* que je rappelle que la plupart d'entre vous, intellectuels communistes, n'ont aucune expérience de la condition prolétarienne et que vous êtes mal venus de nous traiter de rêveurs ignorants des réalités. Ce n'est pas moi qui suis en cause, c'est un argument de polémique générale dont il faut faire justice une bonne fois. Votre pudeur a donc eu tort de s'en offenser.

1. Dans le journal *Action.*

2° Il y aurait eu et il y a de l'impudeur au contraire à étaler ses services dans la résistance. On n'a pas le mérite de sa naissance, on a celui de ses actions. Mais il faut savoir se taire sur elles pour que le mérite soit entier. Pour être plus bref, le genre ancien combattant n'est pas le mien. Je ne vous suivrai donc pas dans la comparaison que vous faites entre nous. Je la trouve légèrement calomnieuse, bien entendu, mais vous n'attendez pas que je me justifie. Pour vous mettre à l'aise, au contraire, je ne ferai pas de difficulté à vous laisser le grade supérieur dans une aventure où vous me permettrez cependant de me reconnaître celui de 2ᵉ classe qui a toujours été le mien.

Mais, dans tous les cas, ne faites pas semblant de croire qu'en écrivant que « j'avais horreur de ceux dont les paroles vont plus loin que les actes », j'aie voulu contester votre action. Encore une fois, c'est un argument dont je suis incapable. Et le contexte de la phrase le prouve bien. Elle signifie seulement, et c'est assez, que j'ai horreur de ces intellectuels et de ces journalistes, avec qui vous vous solidarisez, qui demandent ou approuvent des exécutions capitales, mais qui comptent sur d'autres pour faire la besogne.

3° Il n'y avait pas d'équivoque à vous faire dire ce que disent vos amis communistes. Il y en avait si peu que vous écrivez : « J'admets ma complicité avec le Parti communiste français. »

4° Je n'ai pas d'estime pour la façon dont vous répondez à ma question sur le droit d'opposition. « Avouez, vous disais-je, que, dans votre système, un ouvrier opposant ne s'imagine pas plus qu'un intellectuel dissident. » Vous savez bien que cela est vrai, et la simple honnêteté commandait votre aveu. Vous me répondez au contraire que la notion d'opposition n'est pas claire. Il faut croire qu'il est bien difficile de contester publiquement à un ouvrier son pouvoir d'opposition et je me réjouis de l'hommage indirect que vous rendez ainsi au prolétaire français. Mais il n'empêche que cette réponse est une duperie. On vient d'exécuter en Roumanie sept oppositionnels sous l'étiquette, déjà connue, de « terroristes ». Essayez donc d'expliquer à leur famille, à leurs amis, aux hommes libres qui ont appris la nouvelle, que la notion d'opposition n'est pas bien définie en Roumanie.

5° Puisque vous y tenez, et sans m'étendre autant que je le voudrais, je vais vous donner un bon exemple de violence légitimée : les camps de concentration et l'utilisation comme main-d'œuvre des déportés politiques. Les camps faisaient partie de l'appareil d'État, en Allemagne. Ils font partie de l'appareil d'État, en Russie soviétique, vous ne pouvez l'ignorer. Dans ce dernier cas, ils sont justifiés, paraît-il, par la nécessité historique. Ce que j'ai voulu dire est assez simple. Les camps ne me paraissent avoir aucune des excuses que peuvent présenter les violences provisoires d'une insurrection. Il n'y a pas de raison au monde, historique ou non, progressive ou réactionnaire, qui puisse me faire accepter le fait concentrationnaire. J'ai simplement proposé que les socialistes refusent d'avance, et en toutes occasions, le camp de concentration comme moyen de gouvernement. Sur ce point, vous avez la parole [1].

6° Je continue à penser que ce que nous avons entendu jusqu'ici par révolution ne peut triompher aujourd'hui que par les voies de la guerre. Vous me donnez la Tchécoslovaquie en exemple. Ce que vous appelez la révolution de Prague est d'abord un alignement de politique étrangère qui nous a rapprochés considérablement de la guerre. Elle justifie mon point de vue. Entre-temps, l'aventure yougoslave vous aura sans doute éclairé sur les possibilités que gardent Gottwald et les dirigeants tchèques de faire passer au premier plan des questions qui soient purement intérieures.

La seule chose qui me touche, parce qu'elle est humaine et vraie, dans votre réponse sur ce point, c'est l'impossibilité où vous vous sentez de céder au chantage de la guerre. Ne me croyez pas tout à fait aveugle sur ce point : j'y ai réfléchi. Mais il y a aussi un chantage à la révolution qu'on se fait souvent à soi-même. Je propose de ne pas appuyer la surenchère réciproque à laquelle se livrent les deux empires. La bonne manière de ne pas céder au chantage n'est ni dans le défaitisme, ni dans l'obstination aveugle. Elle est dans la lutte contre la guerre et pour l'organisation internationale. Au bout de ce long effort, le mot de révolution reprendra son sens. Mais pas avant. C'est pourquoi je continue de considérer que seuls les mouvements pour la paix et les conceptions fédéralistes résistent efficacement à

1. Cette proposition est restée sans réponse.

ce chantage. Et quand vous ironiserez à nouveau, avec quelques autres, sur des buts si lointains, je vous laisserai dire : on ne nous a rien offert d'autre à choisir, sinon un faux libéralisme dont nous avons le dégoût et le socialisme concentrationnaire dont vous vous faites le serviteur. L'espoir est de notre côté, quoi que vous en ayez.

7° Je reprendrai enfin la proposition que vous me faites. Vous croyez m'embarrasser en m'invitant à envoyer une lettre ouverte à la presse américaine pour protester contre la complicité directe ou indirecte des États-Unis dans les récentes exécutions grecques. Ceci me console un peu, car c'est la preuve que vous ignorez ma véritable position. Vous ne pouvez pas savoir d'ailleurs que j'ai pris parti sur ce cas précis en Angleterre, il y a quelques semaines, et, sur des cas semblables, en Amérique, il y a deux ans, au cours de conférences publiques. C'est pourquoi je ne vais pas avoir de peine à vous répondre : je tiens cette lettre à votre disposition. J'y ajouterai une protestation motivée sur ce qui est le vrai crime contre la conscience européenne : le maintien de Franco en Espagne. Je vous donne carte blanche pour la publication de cette lettre, à une seule condition que vous estimerez légitime, je l'espère. Vous écrirez de votre côté une lettre ouverte, non pas à la presse soviétique qui, elle, ne la publierait pas, mais à la presse française. Vous y prendrez position contre le système concentrationnaire et l'utilisation de la main-d'œuvre de déportés. Par esprit de réciprocité, vous demanderez en même temps la libération inconditionnelle de ces républicains espagnols, encore internés en Russie soviétique, et dont votre camarade Courtade a cru pouvoir se faire l'insulteur, oublieux de ce que demeurent ces hommes pour nous tous, et ignorant sans doute qu'il n'est pas digne de lacer leurs souliers. Rien de tout cela, il me semble, n'est incompatible avec la vocation révolutionnaire dont vous vous prévalez. Et nous saurons alors si ce dialogue a été inutile ou non. J'aurais en effet dénoncé les maux qui vous indignent et vous n'aurez payé cette satisfaction que par la dénonciation de maux qui doivent vous révolter au moins autant[1].

Car je veux croire encore qu'ils vous révoltent. Et avant d'en finir avec cette polémique, je ferai la seule chose que je puisse faire maintenant pour vous : je ne vous croirai pas. Je ne vous croirai pas lorsque vous dites que si les charniers revenaient malgré vous, vous aimeriez mieux avoir raison parmi eux que d'avoir tort. C'est une manière pourtant de ratifier ce que je vous ai dit dans ma première réponse. Mais je préfère m'être trompé. Car il faut, pour afficher une si affreuse prétention, ou beaucoup d'orgueil ou peu d'imagination. Beaucoup d'orgueil en effet. Car c'est affirmer que la raison historique que vous avez choisi de servir vous paraît la seule bonne et que l'humanité ne peut être sauvée par rien d'autre. Votre raison ou les charniers, voilà l'avenir que vous tracez. Décidément, je suis plus optimiste que vous et je mettrai en cause votre imagination.

Je vais conclure. Vous dédaignez beaucoup de choses dans votre longue réponse. J'accepte, pour ma part, quelques-uns de vos dédains. Mon rôle, je le

1. Cette proposition est restée sans réponse.

reconnais, n'est pas de transformer le monde, ni l'homme : je n'ai pas assez de vertus, ni de lumières pour cela. Mais il est, peut-être, de servir, à ma place, les quelques valeurs sans lesquelles un monde, même transformé, ne vaut pas la peine d'être vécu, sans lesquelles un homme, même nouveau, ne vaudra pas d'être respecté. C'est là ce que je veux vous dire avant de vous quitter : vous ne pouvez pas vous passer de ces valeurs, et vous les retrouverez, croyant les recréer. On ne vit pas que de lutte et de haine. On ne meurt pas toujours les armes à la main. Il y a l'histoire et il y a autre chose, le simple bonheur, la passion des êtres, la beauté naturelle. Ce sont là aussi des racines, que l'histoire ignore, et l'Europe parce qu'elle les a perdues, est aujourd'hui un désert.

Je vous ai concédé que les marxistes ont parfois la mauvaise conscience des libéraux, qui en ont bien besoin. Mais les marxistes n'ont-ils pas besoin de mauvaise conscience ? S'ils n'en ont pas besoin, personne au monde ne peut rien pour eux et nous connaîtrons ensemble, pour finir, une défaite que toute l'Europe paiera du sang qui lui reste. S'ils en ont besoin, qui la leur donnera sinon ces quelques hommes qui, sans se séparer de l'histoire, conscients de leurs limites, cherchent à formuler comme ils le peuvent le malheur et l'espoir de l'Europe. Solitaires ! direz-vous avec mépris. Peut-être, pour le moment. Mais vous seriez bien seuls sans ces solitaires.

# L'INCROYANT
# ET LES CHRÉTIENS

(Fragments d'un exposé fait au couvent
des dominicains de Latour-Maubourg en 1948.)

Puisque vous avez bien voulu demander à un
homme qui ne partage pas vos convictions de venir
répondre à la question très générale que vous posez
au cours de ces entretiens — avant de vous dire ce
qu'il me semble que les incroyants attendent des
chrétiens — je voudrais tout de suite reconnaître
cette générosité d'esprit par l'affirmation de quelques
principes.

Il y a d'abord un pharisaïsme laïque auquel je
m'efforcerai de ne pas céder. J'appelle pharisien
laïque celui qui feint de croire que le christianisme
est chose facile, et qui fait mine d'exiger du chrétien,
au nom d'un christianisme vu de l'extérieur, plus
qu'il n'exige de lui-même. Je crois en effet que le
chrétien a beaucoup d'obligations, mais que ce n'est
pas à celui qui les rejette lui-même d'en rappeler
l'existence à celui qui les a déjà reconnues. Si
quelqu'un peut exiger quelque chose du chrétien,
c'est le chrétien lui-même. La conclusion est que si je
me permettais, à la fin de cet exposé, de revendiquer
de vous quelques devoirs, il ne pourrait s'agir que des

devoirs qu'il est nécessaire d'exiger de tout homme aujourd'hui, qu'il soit chrétien ou qu'il ne le soit pas.

En second lieu, je veux déclarer encore que, ne me sentant en possession d'aucune vérité absolue et d'aucun message, je ne partirai jamais du principe que la vérité chrétienne est illusoire, mais seulement de ce fait que je n'ai pu y entrer. Pour illustrer cette position, j'avouerai volontiers ceci : Il y a trois ans, une controverse m'a opposé à l'un d'entre vous et non des moindres. La fièvre de ces années, le souvenir difficile de deux ou trois amis assassinés, m'avaient donné cette prétention. Je puis témoigner cependant que, malgré quelques excès de langage venus de François Mauriac, je n'ai jamais cessé de méditer ce qu'il disait. Au bout de cette réflexion, et je vous donne ainsi mon opinion sur l'utilité du dialogue croyant-incroyant, j'en suis venu à reconnaître en moi-même, et publiquement ici, que, pour le fond, et sur le point précis de notre controverse, M. François Mauriac avait raison contre moi.

Ceci dit, il me sera plus facile de poser mon troisième et dernier principe. Il est simple et clair. Je n'essaierai pas de modifier rien de ce que je pense ni rien de ce que vous pensez (pour autant que je puisse en juger) afin d'obtenir une conciliation qui nous serait agréable à tous. Au contraire, ce que j'ai envie de vous dire aujourd'hui, c'est que le monde a besoin de vrai dialogue, que le contraire du dialogue est aussi bien le mensonge que le silence, et qu'il n'y a donc de dialogue possible qu'entre des gens qui restent ce qu'ils sont et qui parlent vrai. Cela revient à dire que le monde d'aujourd'hui réclame des chrétiens qu'ils restent des chrétiens. L'autre jour, à la Sorbonne, s'adressant à un conférencier marxiste, un prêtre catholique disait en public que, lui aussi, était anticlérical. Eh bien ! je n'aime pas les prêtres qui sont anticléricaux pas plus que les philosophies qui ont honte d'elles-mêmes. Je n'essaierai donc pas pour ma part de me faire chrétien devant vous. Je partage avec vous la même horreur du mal. Mais je ne partage pas votre espoir et je continue à lutter contre cet univers où des enfants souffrent et meurent.

. . . . . . . . . . . . . . . . . . . . . . . . . . . . . . . . . . . . . . . .

Et pourquoi ici ne le dirais-je pas comme je l'ai écrit ailleurs ? J'ai longtemps attendu pendant ces années épouvantables qu'une grande voix s'élevât à Rome. Moi incroyant ? Justement. Car je savais que l'esprit se perdrait s'il ne poussait pas devant la force le cri de la condamnation. Il paraît que cette voix s'est élevée. Mais je vous jure que des millions d'hommes avec moi ne l'avons pas entendue et qu'il y avait alors dans tous les cœurs, croyants ou incroyants, une solitude qui n'a pas cessé de s'étendre à mesure que les jours passaient et que les bourreaux se multipliaient.

On m'a expliqué depuis que la condamnation avait bel et bien été portée. Mais qu'elle l'avait été dans le langage des encycliques qui n'est point clair. La condamnation avait été portée et elle n'avait pas été comprise ! Qui ne sentirait ici où est la vraie condamnation et qui ne verrait que cet exemple apporte en lui-même un des éléments de la réponse, peut-être la réponse tout entière que vous me demandez. Ce que le monde attend des chrétiens est que les chrétiens parlent, à haute et claire voix, et qu'ils portent leur condamnation de telle façon que jamais le doute, jamais un seul doute, ne puisse se lever dans le cœur de l'homme le plus simple. C'est qu'ils sortent de l'abstraction et qu'ils se mettent en face de la figure ensanglantée qu'a prise l'histoire d'aujour-d'hui. Le rassemblement dont nous avons besoin est un rassemblement d'hommes décidés à parler clair et à payer de leur personne. Quand un évêque espagnol bénit des exécutions politiques, il n'est plus un évêque ni un chrétien et pas même un homme, il est un chien, tout comme celui qui du haut d'une idéologie commande cette exécution sans faire lui-même le travail. Nous attendons et j'attends que se rassemblent ceux qui ne veulent pas être des chiens et qui sont décidés à payer le prix qu'il faut payer pour que l'homme soit quelque chose de plus que le chien.

. . . . . . . . . . . . . . . . . . . . . . . . . . . . . . . . . . . . . . . . .

Et maintenant que peuvent faire les chrétiens pour nous ?

D'abord en finir avec les vaines querelles dont la première est celle du pessimisme. Je crois par exemple que M. Gabriel Marcel aurait avantage à laisser la paix à des formes de pensée qui le passionnent en l'égarant. M. Marcel ne peut pas se dire démocrate et demander en même temps l'inter-diction de la pièce de Sartre. C'est une position fatigante pour tout le monde. C'est que M. Marcel veut défendre des valeurs absolues, comme la pudeur et la vérité divine de l'homme, alors qu'il s'agit de défendre les quelques valeurs provisoires qui permet-tront à M. Marcel de continuer à lutter un jour, et à son aise, pour ces valeurs absolues...

De quel droit d'ailleurs un chrétien ou un marxiste

m'accuserait-il par exemple de pessimisme ? Ce n'est pas moi qui ai inventé la misère de la créature, ni les terribles formules de la malédiction divine. Ce n'est pas moi qui ai crié ce *Nemo bonus,* ni la damnation des enfants sans baptême. Ce n'est pas moi qui ai dit que l'homme était incapable de se sauver tout seul et que du fond de son abaissement il n'avait d'espérance que dans la grâce de Dieu. Quant au fameux optimisme marxiste ! Personne n'a poussé plus loin la méfiance à l'égard de l'homme et finalement les fatalités économiques de cet univers apparaissent plus terribles que les caprices divins.

Les chrétiens et les communistes me diront que leur optimisme est à plus longue portée, qu'il est supérieur à tout le reste et que Dieu ou l'histoire, selon les cas, sont les aboutissants satisfaisants de leur dialectique. J'ai le même raisonnement à faire. Si le christianisme est pessimiste quant à l'homme, il est optimiste quant à la destinée humaine. Eh bien ! je dirai que pessimiste quant à la destinée humaine, je suis optimiste quant à l'homme. Et non pas au nom d'un humanisme qui m'a toujours paru court, mais au nom d'une ignorance qui essaie de ne rien nier.

Cela signifie donc que les mots pessimisme et optimisme ont besoin d'être précisés et qu'en attendant de pouvoir le faire, nous devons reconnaître ce qui nous rassemble plutôt que ce qui nous sépare.

. . . . . . . . . . . . . . . . . . . . . . . . . . . . . . . . . . . . .

C'est là, je crois, tout ce que j'avais à dire. Nous sommes devant le mal. Et pour moi il est vrai que je me sens un peu comme cet Augustin d'avant le christianisme qui disait : « Je cherchais d'où vient le mal et je n'en sortais pas. » Mais il est vrai aussi que je sais, avec quelques autres, ce qu'il faut faire, sinon pour diminuer le mal, du moins pour ne pas y ajouter. Nous ne pouvons pas empêcher peut-être que cette création soit celle où des enfants sont torturés. Mais nous pouvons diminuer le nombre des enfants torturés. Et si vous ne nous y aidez pas, qui donc dans le monde pourra nous y aider ?

Entre les forces de la terreur et celles du dialogue, un grand combat inégal est commencé. Je n'ai que des illusions raisonnables sur l'issue de ce combat. Mais je crois qu'il faut le mener et je sais que des hommes, du moins, y sont décidés. Je crains simplement qu'ils se sentent parfois un peu seuls, qu'ils le soient en effet, et qu'à deux millénaires d'intervalle nous risquions d'assister au sacrifice plusieurs fois répété de Socrate. Le programme pour demain est la cité du dialogue, ou la mise à mort solennelle et significative des témoins du dialogue. Après avoir apporté ma réponse, la question que je pose à mon tour aux chrétiens est celle-ci : « Socrate sera-t-il encore seul et n'y a-t-il rien en lui et dans votre doctrine qui vous pousse à nous rejoindre ? »

Il se peut, je le sais bien, que le christianisme réponde négativement. Oh ! non par vos bouches, je le crois. Mais il se peut, et c'est encore le plus probable, qu'il s'obstine dans le compromis, ou bien à donner aux condamnations la forme obscure de l'encyclique. Il se peut qu'il s'obstine à se laisser arracher définitivement la vertu de révolte et d'indignation qui lui a appartenu, voici bien longtemps. Alors les chrétiens vivront et le christianisme mourra. Alors ce seront les autres en effet qui paieront le sacrifice. C'est un avenir en tout cas qu'il ne m'appartient pas de décider malgré tout ce qu'il remue en moi d'espérance et d'angoisses. Je ne puis parler que de ce que je sais. Et ce que je sais, et qui fait parfois ma nostalgie, c'est que si les chrétiens s'y décidaient, des millions de voix, des millions vous entendez, s'ajouteraient dans le monde au cri d'une poignée de solitaires, qui sans foi ni loi, plaident aujourd'hui un peu partout et sans relâche, pour les enfants et pour les hommes.

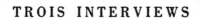

TROIS INTERVIEWS

# I

(Cette interview a été publiée par Émile Simon dans la *Reine du Caire,* en 1948. Les longues et pertinentes questions d'Émile Simon ont été ici abrégées sans être déformées.)

*... Ne pensez-vous pas qu'on pourrait fonder une très pure morale sur cette idée de bonheur, fâcheusement confondue dans l'esprit de certains avec le laisser-aller, le plaisir, la vie facile ? Le bonheur est pourtant une vertu très haute et fort malaisée à conquérir (quoi de plus rare d'ailleurs qu'un homme heureux ?)...*

« Oui, pour le bonheur. Mais sans exclusive. L'erreur vient toujours d'une exclusion, dit Pascal. Si on ne recherche que le bonheur, on aboutit à la facilité. Si on ne cultive que le malheur, on débouche dans la complaisance. Dans les deux cas, une dévaluation. Les Grecs savaient qu'il y a une part d'ombre et une part de lumière. Aujourd'hui, nous ne voyons plus que l'ombre et le travail de ceux qui ne veulent pas désespérer est de rappeler la lumière, les midis de la vie. Mais c'est une question de stratégie. Dans tous les cas, ce à quoi il faut tendre, ce n'est pas à l'achèvement, mais à l'équilibre et à la maîtrise. »

*... N'est-il pas permis d'induire que cette souffrance des enfants — combien inutile, combien monstrueuse et*

*injustifiable — est l'une de ces évidences qui vous
conduisent à refuser de croire en ce que les chrétiens
appellent la Providence Divine, qui vous amènent à
considérer la Création comme une grande œuvre
manquée ?*

*A cette souffrance, le Chrétien ne peut guère opposer
qu'un acte de foi... Mais cet acte de foi du chrétien,
cette soumission de la raison à l'injustice la plus
scandaleuse, n'est qu'une démission et qu'un acte de
fuite. C'est pour se sauver lui-même que le Chrétien
accepte ici de croire, pour sauver la paix de son âme.*

*La seule attitude digne de l'homme est celle du
D$^r$ Rieux qui refuse même en esprit de pactiser avec le
mal et met en œuvre toutes les ressources de son
intelligence et de son cœur pour chasser la souffrance
hors des domaines de l'homme.*

*N'est-ce pas le fond de votre pensée ?*

« L'obstacle infranchissable me paraît être en effet
le problème du mal. Mais c'est aussi un obstacle réel
pour l'humanisme traditionnel. Il y a la mort des
enfants qui signifie l'arbitraire divin, mais il y a aussi
le meurtre des enfants qui traduit l'arbitraire humain.
Nous sommes coincés entre deux arbitraires. Ma
position personnelle, pour autant qu'elle puisse être
défendue, est d'estimer que si les hommes ne sont
pas innocents, ils ne sont coupables que d'ignorance.
Ceci serait à développer.

« Mais je réfléchirais avant de dire comme vous
que la foi chrétienne est une démission. Peut-on
écrire ce mot pour un saint Augustin ou un Pascal ?
L'honnêteté consiste à juger une doctrine par ses
sommets, non par ses sous-produits. Et, du reste,

bien que je sache peu sur ces choses, j'ai l'impression que la foi est moins une paix qu'une espérance tragique.

« Ceci dit, je ne suis pas chrétien. Je suis né pauvre, sous un ciel heureux, dans une nature avec laquelle on sent un accord, non une hostilité. Je n'ai donc pas commencé par le déchirement, mais par la plénitude. Ensuite... Mais je me sens un cœur grec. Et qu'y a-t-il donc dans l'esprit grec que le christianisme ne puisse admettre ? Beaucoup de choses, mais ceci en particulier : les Grecs ne niaient pas les dieux, mais *ils leur mesuraient leur part*. Le christianisme qui est une religion *totale*, pour employer un mot à la mode, ne peut admettre cet esprit où l'on fait seulement la part de ce qui doit, à son sens, avoir toute la place. Mais cet esprit-là peut très bien admettre, au contraire, l'existence du christianisme. N'importe quel chrétien intelligent vous dira qu'à ce compte, il préférerait le marxisme, si seulement le marxisme le voulait bien.

« Ceci pour la doctrine. Reste l'Église. Mais je prendrai l'Église au sérieux quand ses chefs spirituels parleront le langage de tout le monde et vivront eux-mêmes la vie dangereuse et misérable qui est celle du plus grand nombre. »

*Pour un écrivain, le simple fait d'écrire ou de créer suffit-il à exorciser l'absurde, à maintenir en suspens le rocher de Sisyphe prêt à l'écraser ? Croyez-vous à une vertu transcendante de l'acte d'écrire ?*

« La révolte humaine a deux expressions qui sont la création et l'action révolutionnaire. En lui, et hors de lui, l'homme ne peut rencontrer au départ que le désordre et l'absence d'unité. C'est à lui qu'il revient de mettre autant d'ordre qu'il le peut dans une condition qui n'en a pas. Mais ceci nous entraînerait trop loin. »

*Ne croyez-vous pas que ce qui aiguise en nous le sens de l'absurde, ce qui aggrave l'incohérence de nos destins, ce soient précisément les terribles événements que nous vivons ?...*

« Le sentiment du tragique qui court à travers notre littérature ne date pas d'hier. Il a couru à travers toutes les littératures depuis qu'il en existe. Mais c'est vrai que la situation historique lui donne aujourd'hui son acuité. C'est que la situation historique suppose aujourd'hui la société universelle. Demain Hegel recevra sa confirmation ou le démenti le plus sanglant qu'on puisse imaginer. L'événement aujourd'hui ne met donc pas en question telle existence nationale ou tel destin individuel, mais la condition humaine tout entière. Nous sommes à la veille du jugement, mais il s'agit d'un jugement où l'homme se jugera lui-même. Voilà pourquoi chacun est séparé, isolé dans ses pensées, comme chacun est inculpé d'une certaine manière. Mais la vérité n'est pas dans la séparation. Elle est dans la réunion. »

*Les meilleurs parmi les écrivains d'aujourd'hui sont unanimement coalisés pour défendre ce qu'ils appellent, ce que nous appelons, les libertés et les droits de l'individu.*

*... Peut-être en les défendant dans l'absolu et dans l'abstrait comme nous faisons, sommes-nous en réalité*

*prisonniers sans le savoir des formes anachroniques et
périmées que ces valeurs ont revêtues.*

*... Il a existé des époques, et peut-être sommes-nous
à la veille d'en connaître une autre, où la grandeur
d'un écrivain est en rapport direct avec la force de son
adhésion au milieu social, avec sa puissance représen-
tative. C'est seulement dans une société en voie de
désagrégation que la vertu d'un écrivain est en rapport
avec sa capacité de dissidence.*

« Quand on défend une liberté, on la défend
toujours dans l'abstrait jusqu'au moment où il faut
payer. Je n'ai pas le goût de la dissidence pour la
dissidence. Mais ce que vous dites justifierait, par
exemple, un écrivain nationaliste allemand écrivant
les *Nibelungen* dans un pays où Hitler aurait triomphé. Les *Nibelungen* seraient ainsi bâtis sur les os de
millions d'êtres assassinés. Ai-je besoin de vous dire
que c'est là un accord que j'estime trop cher ?

« Par rapport à quoi la liberté réclamée par
l'écrivain vous paraît-elle abstraite ? Par rapport à la
revendication sociale. Mais cette revendication n'aurait aujourd'hui aucun contenu si la liberté d'expression n'avait été conquise au long des siècles. La
justice suppose des droits. Les droits supposent la
liberté de les défendre. Pour agir, l'homme doit
parler. Nous savons ce que nous défendons. Et puis,
chacun parle au nom d'un accord. Tout *non* suppose
un *oui*. Je parle au nom d'une société qui n'impose
pas le silence, que ce soit par l'oppression économique ou l'oppression policière. »

*La société communiste — la société soviétique, plus
précisément — refuse à l'écrivain la permission de*

*s'absorber dans la recherche de ce que nous appelons
les valeurs d'art.*

*Quelques-uns parmi les artistes ou les écrivains
français d'aujourd'hui se sont associés à cette manière
de voir.*

*Ne pensez-vous pas qu'ils mettent la culture en péril,
faute d'avoir seulement compris en quoi réside la vertu
essentielle de l'œuvre d'art ?*

« C'est un faux problème. Il n'y a pas d'art
réaliste. (Même la photographie n'est pas réaliste :
elle choisit.) Et les écrivains dont vous parlez
utilisent, quoi qu'ils en disent, les valeurs de l'art. A
partir du moment où il écrit autre chose qu'un tract un
écrivain communiste est un artiste et il lui est
impossible, par là, de jamais coïncider *parfaitement*
avec une théorie ou une propagande. C'est pourquoi
on ne dirige pas la littérature, on la supprime tout au
plus. La Russie ne l'a pas supprimée. Elle a cru
pouvoir se servir de ses écrivains. Mais ces écrivains,
même de bonne volonté, seront toujours des héréti-
ques par leur fonction même. Ce que je dis se voit
assez bien dans les récits d'épuration littéraire. C'est
pourquoi ces écrivains ne mettent pas la culture en
péril, comme vous dites. C'est la culture qui les met
en péril. Et je le dis sans ironie, comme devant une
absurde crucifixion et avec le sentiment d'une solidarité forcée. »

## II

## DIALOGUE POUR LE DIALOGUE

(*Défense de l'Homme*, juillet 1949.)

— L'avenir est bien sombre.

— Pourquoi ; il n'y a rien à craindre, puisque désormais nous nous sommes mis en règle avec le pire. Il n'y a donc plus que des raisons d'espérer, et de lutter.

— Avec qui ?

— Pour la paix.

— Pacifiste inconditionnel ?

— Jusqu'à nouvel ordre, résistant inconditionnel — et à toutes les folies qu'on nous propose.

— En somme, comme on dit, vous n'êtes pas dans le coup.

— Pas dans celui-là.

— Ce n'est pas très confortable.

— Non. J'ai essayé loyalement d'y être. En ai-je pris des airs graves ! Et puis je me suis résigné : il faut appeler criminel ce qui est criminel. Je suis dans un autre coup.

— Le non intégral.

— Le oui intégral. Naturellement, il y a des gens plus sages, qui essayent de s'arranger avec ce qui est. Je n'ai rien contre.

— Alors ?

— Alors, je suis pour la pluralité des positions. Est-ce qu'on peut faire le parti de ceux qui ne sont pas sûrs d'avoir raison ? Ce serait le mien. Dans tous les cas, je n'insulte pas ceux qui ne sont pas avec moi. C'est ma seule originalité.

— Si nous précisions ?

— Précisons. Les gouvernants d'aujourd'hui, russes, américains et quelquefois européens, sont des criminels de guerre, selon la définition du tribunal de Nuremberg. Toutes les politiques intérieures qui les appuient d'une façon ou d'une autre, toutes les Églises, spirituelles ou non, qui ne dénoncent pas la mystification dont le monde est victime, participent de cette culpabilité.

— Quelle mystification ?

— Celle qui veut nous faire croire que la politique de puissance, quelle qu'elle soit, peut nous amener à une société meilleure où la libération sociale sera enfin réalisée. La politique de puissance signifie la préparation à la guerre. La préparation à la guerre, et à plus forte raison la guerre elle-même, rendent justement impossible cette libération sociale.

— Qu'avez-vous choisi ?

— Je parie pour la paix. C'est mon optimisme à moi. Mais il faut faire quelque chose pour elle et ce sera dur. C'est là mon pessimisme. De toute façon, seuls ont mon adhésion aujourd'hui les mouvements pour la paix qui cherchent à se développer sur le plan international. C'est chez eux que se trouvent les vrais réalistes. Et je suis avec eux.

— Avez-vous pensé à Munich ?

— J'y ai pensé. Les hommes que je connais n'achèteront pas la paix à n'importe quel prix. Mais en considération du malheur qui accompagne toute préparation à la guerre et des désastres inimaginables qu'entraînerait une nouvelle guerre, ils estiment qu'on ne peut renoncer à la paix sans avoir épuisé toutes les chances. Et puis Munich a été déjà signé, et par deux fois. A Yalta et à Potsdam. Par ceux-là mêmes qui veulent absolument en découdre aujourd'hui. Ce n'est pas nous qui avons livré les libéraux, les socialistes et les anarchistes des démocraties populaires de l'Est aux tribunaux soviétiques. Ce n'est pas nous qui avons pendu Petkov. Ce sont les signataires de pactes qui consacraient le partage du monde.

— Ces mêmes hommes vous accusent d'être un rêveur.

— Il en faut. Et personnellement, j'accepterai ce rôle, n'ayant pas de goût pour le métier de tueur.

— On vous dira qu'il en faut aussi.

— Là, les candidats ne manquent pas. Des costauds, paraît-il. Alors, on peut diviser le travail.

. . . . . . . . . . . . . . . . . . . . . . . . . . . . . . . . . . . . . . . . .

— Conclusion ?

— Les hommes dont j'ai parlé, en même temps qu'ils travaillent pour la paix, devraient faire approuver, internationalement, un code qui préciserait ces limitations à la violence : suppression de la peine de mort, dénonciation des condamnations dont la durée n'est pas précisée, de la rétroactivité des lois, et du système concentrationnaire.

— Quoi de plus ?

— Il faudrait un autre cadre pour préciser. Mais s'il était possible déjà que ces hommes adhèrent en masse aux mouvements pour la paix déjà existants, travaillent à leur unification sur le plan international, rédigent et diffusent par la parole et par l'exemple, le nouveau contrat social dont nous avons besoin, je crois qu'ils seraient en règle avec la vérité.

« Si j'en avais le temps, je dirais aussi que ces hommes devraient s'essayer à préserver dans leur vie personnelle la part de joie qui n'appartient pas à l'histoire. On veut nous faire croire que le monde d'aujourd'hui a besoin d'hommes identifiés totalement à leur doctrine et poursuivant des fins définitives par la soumission totale à leurs convictions. Je crois que ce genre d'hommes dans l'état où est le monde fera plus de mal que de bien. Mais en admettant, ce que je ne crois pas, qu'ils finissent par faire triompher le bien à la fin des temps, je crois qu'il faut qu'un autre genre d'hommes existe, attentifs à préserver la nuance légère, le style de vie, la chance de bonheur, l'amour, l'équilibre difficile enfin dont les enfants de ces mêmes hommes auront besoin finalement, même si la société parfaite est alors réalisée. »

# III

(Interview non publiée.)

« ... Bien entendu, se dire révolutionnaire et refuser par ailleurs la peine de mort, la limitation des libertés et la guerre c'est ne rien dire. Ne disons donc rien, provisoirement, sinon que se dire révolutionnaire et exalter la peine de mort, la suppression des libertés et la guerre, c'est dire seulement qu'on est réactionnaire, au sens le plus objectif et le moins réconfortant de ce mot. Et c'est parce que les révolutionnaires contemporains ont accepté ce langage que nous vivons aujourd'hui universellement une histoire réactionnaire. Pour un temps encore inconnu, l'histoire est faite par des puissances de police et des puissances d'argent contre l'intérêt des peuples et la vérité de l'homme. Mais peut-être est-ce pour ces raisons que l'espoir est permis. Puisque nous ne vivons plus les temps révolutionnaires, apprenons au moins à vivre le temps des révoltés. Savoir dire non, s'efforcer chacun à notre place de créer les valeurs vivantes dont aucune rénovation ne pourra se passer, maintenir ce qui vaut de l'être, préparer ce qui mérite de vivre, s'essayer au bonheur pour que le goût terrible de la justice en soit adouci, ce sont là des motifs de renouveau et d'espoir.

« ... Il y a un chantage, qui, désormais, n'aura plus cours. Il y a des mystifications que, désormais, nous dénoncerons rudement. Nous refuserons de croire plus longtemps que le christianisme des salons et des ministères puisse oublier impunément le christianisme des prisons. Mais parce que des gouvernements chrétiens ont la vocation de la complicité nous n'oublierons pas que le marxisme est une doctrine d'accusation dont la dialectique ne triomphe que dans l'univers des procès. Et nous appellerons concentrationnaire ce qui est concentrationnaire, même le socialisme.

« Nous savons que notre société repose sur le mensonge. Mais la tragédie de notre génération est d'avoir vu, sous les fausses couleurs de l'espoir, un nouveau mensonge se superposer à l'ancien. Du moins, rien ne nous contraint plus à appeler sauveurs les tyrans et à justifier le meurtre de l'enfant par le salut de l'homme. Nous refuserons de croire ainsi que la justice puisse exiger, même provisoirement, la suppression de la liberté. A les en croire, les tyrannies sont toujours provisoires. On nous explique qu'il y a une grande différence entre la tyrannie réactionnaire et la tyrannie progressiste. Il y aurait ainsi des camps de concentration qui vont dans le sens de l'histoire et un système de travail forcé qui suppose l'espérance. A supposer que cela fût vrai, on pourrait au moins s'interroger sur la durée de cet espoir. Si la tyrannie, même progressiste, dure plus d'une génération, elle signifie pour des millions d'hommes une vie d'esclave, et rien de plus. Quand le provisoire couvre le temps de la vie d'un homme, il est pour cet homme le définitif. Au reste, nous sommes ici dans le sophisme. La justice ne va pas sans le droit et il n'y a pas de droit sans libre expression de ce droit. Cette justice pour laquelle une foule d'hommes aujourd'hui meurent ou font mourir, on ne peut en parler avec tant de hauteur que parce qu'une poignée d'esprits libres lui ont conquis, à travers l'histoire, le droit de s'exprimer. Je fais ici l'apologie de ceux qu'on appelle avec mépris des intellectuels. »

# POURQUOI L'ESPAGNE?

### (Réponse à GABRIEL MARCEL)

*(Combat,* décembre 1948.)

Je ne répondrai ici qu'à deux passages de l'article que vous avez consacré à *L'Etat de siège,* dans *Les Nouvelles littéraires.* Mais je ne veux répondre en aucun cas aux critiques que vous, ou d'autres, avez pu faire à cette pièce, en tant qu'œuvre théâtrale. Quand on se laisse aller à présenter un spectacle ou à publier un livre, on se met dans le cas d'être critiqué et l'on accepte la censure de son temps. Quoi qu'on ait à dire, il faut alors se taire.

Vous avez cependant dépassé vos privilèges de critique en vous étonnant qu'une pièce sur la tyrannie totalitaire fût située en Espagne, alors que vous l'auriez mieux vue dans les pays de l'Est. Et vous me rendez définitivement la parole en écrivant qu'il y a là un manque de courage et d'honnêteté. Il est vrai que vous êtes assez bon pour penser que je ne suis pas responsable de ce choix (traduisons : c'est le méchant Barrault, déjà si noir de crimes). Le malheur est que la pièce se passe en Espagne parce que j'ai choisi, et j'ai choisi seul, après réflexion, qu'elle s'y passât en effet. Je dois donc prendre sur moi vos accusations d'opportunisme et de malhonnêteté. Vous ne vous

étonnerez pas, dans ces conditions, que je me sente
forcé à vous répondre.

Il est probable d'ailleurs que je ne me défendrais
même pas contre ces accusations (devant qui se
justifier, aujourd'hui ?) si vous n'aviez touché à un
sujet aussi grave que celui de l'Espagne. Car je n'ai
vraiment aucun besoin de dire que je n'ai cherché à
flatter personne en écrivant *L'État de siège*. J'ai voulu
attaquer de front un type de société politique qui s'est
organisé, ou s'organise, à droite et à gauche, sur le
mode totalitaire. Aucun spectateur de bonne foi ne
peut douter que cette pièce prenne le parti de
l'individu, de la chair dans ce qu'elle a de noble, de
l'amour terrestre enfin, contre les abstractions et les
terreurs de l'État totalitaire, qu'il soit russe, allemand
ou espagnol. De graves docteurs réfléchissent tous les
jours sur la décadence de notre société en y cher-
chant de profondes raisons. Ces raisons existent sans
doute. Mais pour les plus simples d'entre nous, le mal
de l'époque se définit par ses effets, non par ses
causes. Il s'appelle l'État, policier ou bureaucrati-
que. Sa prolifération dans tous les pays sous les
prétextes idéologiques les plus divers, l'insultante
sécurité que lui donnent les moyens mécaniques et
psychologiques de la répression, en font un danger
mortel pour ce qu'il y a de meilleur en chacun de
nous. De ce point de vue, la société politique
contemporaine, quel que soit son contenu, est méprisable. Je n'ai rien dit d'autre, et c'est pour cela que
*L'État de siège* est un acte de rupture, qui ne veut rien
épargner.

Ceci étant clairement dit, pourquoi l'Espagne ?

Vous l'avouerai-je, j'ai un peu honte de poser la question à votre place. Pourquoi Guernica, Gabriel Marcel ? Pourquoi ce rendez-vous où, pour la première fois, à la face d'un monde encore endormi dans son confort et dans sa misérable morale, Hitler, Mussolini et Franco ont démontré à des enfants ce qu'était la technique totalitaire. Oui, pourquoi ce rendez-vous qui nous concernait aussi ? Pour la première fois, les hommes de mon âge rencontraient l'injustice triomphante dans l'histoire. Le sang de l'innocence coulait alors au milieu d'un grand bavardage pharisien qui, justement, dure encore. Pourquoi l'Espagne ? Mais parce que nous sommes quelques-uns qui ne nous laverons pas les mains de ce sang-là. Quelles que soient les raisons d'un anticommunisme, et j'en connais de bonnes, il ne se fera pas accepter de nous s'il s'abandonne à lui-même jusqu'à oublier cette injustice, qui se perpétue avec la complicité de nos gouvernements. J'ai dit aussi haut que je l'ai pu ce que je pensais des camps de concentration russes. Mais ce n'est pas cela qui me fera oublier Dachau, Buchenwald, et l'agonie sans nom de millions d'hommes, ni l'affreuse répression qui a décimé la République espagnole. Oui, malgré la commisération de nos grands politiques, c'est tout cela ensemble qu'il faut dénoncer. Et je n'excuserai pas cette peste hideuse à l'Ouest de l'Europe parce qu'elle exerce ses ravages à l'Est, sur de plus grandes étendues. Vous écrivez que pour ceux qui sont bien informés, ce n'est pas d'Espagne que leur viennent en ce moment les nouvelles les plus propres à désespérer ceux qui ont le goût de la dignité humaine. Vous êtes mal informé, Gabriel Marcel. Hier encore, cinq opposants politi-

ques ont été là-bas condamnés à mort. Mais vous vous
prépariez à être mal informé, en cultivant l'oubli.
Vous avez oublié que les premières armes de la
guerre totalitaire ont été trempées dans le sang
espagnol. Vous avez oublié qu'en 1936 un général
rebelle a levé, au nom du Christ, une armée de
Maures, pour les jeter contre le gouvernement légal
de la République espagnole, a fait triompher une
cause injuste après d'inexpiables massacres et commencé dès lors une atroce répression qui a duré dix
années et qui n'est pas encore terminée. Oui,
vraiment, pourquoi l'Espagne ? Parce qu'avec beaucoup d'autres, vous avez perdu la mémoire.

Et aussi parce qu'avec un petit nombre de Français, il m'arrive encore de n'être pas fier de mon
pays. Je ne sache pas que la France ait jamais livré
des opposants soviétiques au gouvernement russe.
Cela viendra sans doute, nos élites sont prêtes à tout.
Mais pour l'Espagne, au contraire, nous avons déjà
bien fait les choses. En vertu de la clause la plus
déshonorante de l'armistice, nous avons livré à
Franco, sur l'ordre de Hitler, des républicains espagnols, et parmi eux le grand Luis Companys. Et
Companys a été fusillé, au milieu de cet affreux
trafic. C'était Vichy, bien sûr, ce n'était pas nous.
Nous, nous avions placé seulement, en 1938, le poète
Antonio Machado dans un camp de concentration,
d'où il ne sortit que pour mourir. Mais en ce jour où
l'État français se faisait le recruteur des bourreaux
totalitaires, qui a élevé la voix ? Personne. C'est sans
doute, Gabriel Marcel, que ceux qui auraient pu
protester trouvaient comme vous que tout cela était
peu de chose auprès de ce qu'ils détestaient le plus

dans le système russe. Alors, n'est-ce pas ; un fusillé de plus ou de moins ! Mais un visage de fusillé, c'est une vilaine plaie et la gangrène finit par s'y mettre. La gangrène a gagné.

Où sont donc les assassins de Companys ? A Moscou ou dans notre pays ? Il faut répondre : dans notre pays. Il faut dire que nous avons fusillé Companys, que nous sommes responsables de ce qui a suivi. Il faut déclarer que nous en sommes humiliés et que notre seule façon de réparer sera de maintenir le souvenir d'une Espagne qui a été libre et que nous avons trahie, comme nous l'avons pu, à notre place et à notre manière, qui étaient petites. Et il est vrai qu'il n'est pas une puissance qui ne l'ait trahie, sauf l'Allemagne et l'Italie qui, elles, fusillaient les Espagnols de face. Mais ceci ne peut être une consolation et l'Espagne libre continue, par son silence, de nous demander réparation. J'ai fait ce que j'ai pu, pour ma faible part, et c'est ce qui vous scandalise. Si j'avais eu plus de talent, la réparation eût été plus grande, voilà tout ce que je puis dire. La lâcheté et la tricherie auraient été ici de pactiser. Mais je m'arrêterai sur ce sujet et je ferai taire mes sentiments, par égard pour vous. Tout au plus pourrais-je encore vous dire qu'aucun homme sensible n'aurait dû être étonné qu'ayant à choisir de faire parler le peuple de la chair et de la fierté pour l'opposer à la honte et aux ombres de la dictature, j'aie choisi le peuple espagnol. Je ne pouvais tout de même pas choisir le public international du *Reader's Digest,* ou les lecteurs de *Samedi-Soir* et *France-Dimanche.*

Mais vous êtes sans doute pressé que je m'explique pour finir sur le rôle que j'ai donné à l'Église. Sur ce point, je serai bref. Vous trouvez que ce rôle est odieux, alors qu'il ne l'était pas dans mon roman. Mais je devais, dans mon roman, rendre justice à ceux de mes amis chrétiens que j'ai rencontrés sous l'occupation, dans un combat qui était juste. J'avais, au contraire, dans ma pièce, à dire quel a été le rôle de l'Église d'Espagne. Et si je l'ai fait odieux, c'est qu'à la face du monde, le rôle de l'Église d'Espagne a été odieux. Si dure que cette vérité soit pour vous, vous vous consolerez en pensant que la scène qui vous gêne ne dure qu'une minute, tandis que celle qui offense encore la conscience européenne dure depuis dix ans. Et l'Église entière aurait été mêlée à cet incroyable scandale d'évêques espagnols bénissant les fusils d'exécution, si dès les premiers jours deux grands chrétiens, dont l'un, Bernanos, est aujourd'hui mort, et l'autre, José Bergamin, exilé de son pays, n'avaient élevé la voix. Bernanos n'aurait pas écrit ce que vous avez écrit sur ce sujet. Il savait, lui, que la phrase qui conclut ma scène : « Chrétiens d'Espagne, vous êtes abandonnés », n'insulte pas à votre croyance. Il savait qu'à dire autre chose, ou à faire le silence, c'est la vérité que j'eusse alors insultée.

Si j'avais à refaire *L'État de siège*, c'est en Espagne que je le placerais encore, voilà ma conclusion. Et à travers l'Espagne, demain comme aujourd'hui, il serait clair pour tout le monde que la condamnation qui y est portée vise toutes les sociétés totalitaires. Mais, du moins, ce n'aurait pas été au prix d'une complicité honteuse. C'est ainsi et pas autrement, jamais autrement, que nous pourrons garder le droit de protester contre la terreur. Voilà pourquoi je ne puis être de votre avis lorsque vous dites que notre accord est absolu quant à l'ordre politique. Car vous acceptez de faire silence sur une terreur pour mieux en combattre une autre. Nous sommes quelques-uns qui ne voulons faire silence sur rien. C'est notre société politique entière qui nous fait lever le cœur. Et il n'y aura ainsi de salut que lorsque tous ceux qui valent encore quelque chose l'auront répudiée dans son entier, pour chercher, ailleurs que dans des contradictions insolubles, le chemin de la rénovation. D'ici là, il faut lutter. Mais en sachant que la tyrannie totalitaire ne s'édifie pas sur les vertus des totalitaires. Elle s'édifie sur les fautes des libéraux. Le mot de Talleyrand est méprisable, une faute n'est pas pire qu'un crime. Mais la faute finit par justifier le crime et lui donner son alibi. Elle désespère alors les victimes, et c'est ainsi qu'elle est coupable. C'est cela, justement, que je ne puis pardonner à la société politique contemporaine : qu'elle soit une machine à désespérer les hommes.

Vous trouverez sans doute que c'est là beaucoup de passion pour un petit prétexte. Alors, laissez-moi parler, pour une fois, en mon nom. Le monde où je vis me répugne, mais je me sens solidaire des hommes qui y souffrent. Il y a des ambitions qui ne sont pas les miennes et je ne serais pas à l'aise si je devais faire mon chemin en m'appuyant sur les pauvres privilèges qu'on réserve à ceux qui s'arrangent de ce monde. Mais il me semble qu'il est une autre ambition qui devrait être celle de tous les écrivains : témoigner et crier, chaque fois qu'il est possible, dans la mesure de notre talent, pour ceux qui sont asservis comme nous. C'est cette ambition-là que vous avez mise en cause dans votre article, et je ne cesserai pas de vous en refuser le droit aussi longtemps que le meurtre d'un homme ne semblera vous indigner que dans la seule mesure où cet homme partage vos idées.

# LE TÉMOIN DE LA LIBERTÉ

(Allocution prononcée à Pleyel, en novembre 1948, à un meeting international d'écrivains, et publiée par *La Gauche*, le 20 décembre 1948.)

Nous sommes dans un temps où les hommes, poussés par de médiocres et féroces idéologies, s'habituent à avoir honte de tout. Honte d'eux-mêmes, honte d'être heureux, d'aimer ou de créer. Un temps où Racine rougirait de *Bérénice* et où Rembrandt, pour se faire pardonner d'avoir peint la *Ronde de nuit*, courrait s'inscrire à la permanence du coin. Les écrivains et les artistes d'aujourd'hui ont ainsi la conscience souffreteuse et il est de mode parmi nous de faire excuser notre métier. A la vérité, on met quelque zèle à nous y aider. De tous les coins de notre société politique, un grand cri s'élève à notre adresse et qui nous enjoint de nous justifier. Il faut nous justifier d'être inutiles en même temps que de servir, par notre inutilité même, de vilaines causes. Et quand nous répondons qu'il est bien difficile de se laver d'accusations aussi contradictoires, on nous dit qu'il n'est pas possible de se justifier aux yeux de tous, mais que nous pouvons obtenir le généreux pardon de quelques-uns, en prenant leur parti, qui est le seul vrai d'ailleurs si on les en croit. Si ce genre

d'argument fait long feu, on dit encore à l'artiste :
« Voyez la misère du monde. Que faites-vous pour
elle ? » A ce chantage cynique, l'artiste pourrait
répondre : « La misère du monde ? Je n'y ajoute pas.
Qui parmi vous peut en dire autant ? » Mais il n'en
reste pas moins vrai qu'aucun d'entre nous, s'il a de
l'exigence, ne peut rester indifférent à l'appel qui
monte d'une humanité désespérée. Il faut donc se
sentir coupable, à toute force. Nous voilà traînés au
confessionnal laïque, le pire de tous.

Et pourtant ce n'est pas si simple. Le choix qu'on
nous demande de faire ne va pas de lui-même ; il est
déterminé par d'autres choix, faits antérieurement. Et
le premier choix que fait un artiste, c'est précisément
d'être un artiste. Et s'il a choisi d'être un artiste, c'est
en considération de ce qu'il est lui-même et à cause
d'une certaine idée qu'il se fait de l'art. Et si ces
raisons lui ont paru assez bonnes pour justifier son
choix, il y a des chances pour qu'elles continuent
d'être assez bonnes pour l'aider à définir sa position
vis-à-vis de l'histoire. C'est là du moins ce que je
pense et je voudrais me singulariser un peu, ce soir,
en mettant l'accent, puisque nous parlons ici libre-
ment, à titre individuel, non sur une mauvaise
conscience, que je n'éprouve pas, mais sur les deux
sentiments qu'en face et à cause même de la misère
du monde, je nourris à l'égard de notre métier, c'est-
à-dire la reconnaissance et la fierté. Puisqu'il faut se
justifier, je voudrais dire pourquoi il y a une
justification à exercer, dans les limites de nos forces
et de nos talents, un métier qui, au milieu d'un
monde desséché par la haine, permet à chacun de
nous de dire tranquillement qu'il n'est l'ennemi

mortel de personne. Mais ceci demande à être expliqué et je ne puis le faire qu'en parlant un peu du monde où nous vivons, et de ce que nous autres, artistes et écrivains, sommes voués à y faire.

Le monde autour de nous est dans le malheur et on nous demande de faire quelque chose pour le changer. Mais quel est ce malheur ? A première vue, il se définit simplement : on a beaucoup tué dans le monde ces dernières années et quelques-uns prévoient qu'on tuera encore. Un si grand nombre de morts, ça finit par alourdir l'atmosphère. Naturellement, ce n'est pas nouveau. L'histoire officielle a toujours été l'histoire des grands meurtriers. Et ce n'est pas d'aujourd'hui que Caïn tue Abel. Mais c'est aujourd'hui que Caïn tue Abel au nom de la logique et réclame ensuite la Légion d'honneur. Je prendrai un exemple pour me faire mieux comprendre.

Pendant les grandes grèves de novembre 1947, les journaux annoncèrent que le bourreau de Paris cesserait aussi son travail. On n'a pas assez remarqué, à mon sens, cette décision de notre compatriote. Ses revendications étaient nettes. Il demandait naturellement une prime pour chaque exécution, ce qui est dans la règle de toute entreprise. Mais, surtout, il réclamait avec force le statut de chef de bureau. Il voulait en effet recevoir de l'État, qu'il avait conscience de bien servir, la seule consécration, le seul honneur tangible, qu'une nation moderne puisse offrir à ses bons serviteurs, je veux dire un statut administratif. Ainsi s'éteignait, sous le poids de l'histoire, une de nos dernières professions libérales. Car c'est bien sous le poids de l'histoire, en effet.

Dans les temps barbares, une auréole terrible tenait à l'écart du monde le bourreau. Il était celui qui, par métier, attente au mystère de la vie et de la chair. Il était et il se savait un objet d'horreur. Et cette horreur consacrait en même temps le prix de la vie humaine. Aujourd'hui, il est seulement un objet de pudeur. Et je trouve dans ces conditions qu'il a raison de ne plus vouloir être le parent pauvre qu'on garde à la cuisine parce qu'il n'a pas les ongles nets. Dans une civilisation où le meurtre et la violence sont déjà des doctrines et sont en passe de devenir des institutions, les bourreaux ont tout à fait le droit d'entrer dans les cadres administratifs. A vrai dire, nous autres Français sommes un peu en retard. Un peu partout dans le monde, les exécuteurs sont déjà installés dans les fauteuils ministériels. Ils ont seulement remplacé la hache par le tampon à encre.

Quand la mort devient affaire de statistiques et d'administration, c'est en effet que les affaires du monde ne vont pas. Mais si la mort devient abstraite, c'est que la vie l'est aussi. Et la vie de chacun ne peut pas être autrement qu'abstraite à partir du moment où on s'avise de la plier à une idéologie. Le malheur est que nous sommes au temps des idéologies et des idéologies totalitaires, c'est-à-dire assez sûres d'elles-mêmes, de leur raison imbécile ou de leur courte vérité, pour ne voir le salut du monde que dans leur propre domination. Et vouloir dominer quelqu'un ou quelque chose, c'est souhaiter la stérilité, le silence ou la mort de ce quelqu'un. Il suffit, pour le constater, de regarder autour de nous.

Il n'y a pas de vie sans dialogue. Et sur la plus grande partie du monde, le dialogue est remplacé aujourd'hui par la polémique. Le XX<sup>e</sup> siècle est le siècle de la polémique et de l'insulte. Elle tient, entre les nations et les individus, et au niveau même des disciplines autrefois désintéressées, la place que tenait traditionnellement le dialogue réfléchi. Des milliers de voix, jour et nuit, poursuivant chacune de son côté un tumultueux monologue, déversent sur les peuples un torrent de paroles mystificatrices, attaques, défenses, exaltations. Mais quel est le mécanisme de la polémique ? Elle consiste à considérer l'adversaire en ennemi, à le simplifier par conséquent et à refuser de le voir. Celui que j'insulte, je ne connais plus la couleur de son regard, ni s'il lui arrive de sourire et de quelle manière. Devenus aux trois quarts aveugles par la grâce de la polémique, nous ne vivons plus parmi des hommes, mais dans un monde de silhouettes.

Il n'y a pas de vie sans persuasion. Et l'histoire d'aujourd'hui ne connaît que l'intimidation. Les hommes vivent et ne peuvent vivre que sur l'idée qu'ils ont quelque chose en commun où ils peuvent toujours se retrouver. Mais nous avons découvert ceci : il y a des hommes qu'on ne persuade pas. Il était et il est impossible à une victime des camps de concentration d'expliquer à ceux qui l'avilissent qu'ils ne doivent pas le faire. C'est que ces derniers ne représentent plus des hommes, mais une idée, portée à la température de la plus inflexible des volontés. Celui qui veut dominer est sourd. En face de lui, il faut se battre ou mourir. C'est pourquoi les hommes d'aujourd'hui vivent dans la terreur. Dans le « Livre des morts », on lit que le juste égyptien pour mériter son pardon devait pouvoir dire : « Je n'ai causé de peur à personne. » Dans ces conditions, on cherchera en vain nos grands contemporains, le jour du jugement dernier, dans la file des bienheureux.

Quoi d'étonnant à ce que ces silhouettes, désormais sourdes et aveugles, terrorisées, nourries de tickets, et dont la vie entière se résume dans une fiche de police, puissent être ensuite traitées comme des abstractions anonymes. Il est intéressant de constater que les régimes qui sont issus de ces idéologies sont précisément ceux qui, par système, procèdent au déracinement des populations, les promenant à la surface de l'Europe comme des symboles exsangues qui ne prennent une vie dérisoire que dans les chiffres des statistiques. Depuis que ces belles philosophies sont entrées dans l'histoire, d'énormes masses d'hommes, dont chacun pourtant avait autrefois une manière de serrer la main, sont définitivement ensevelis sous les deux initiales des personnes déplacées, qu'un monde très logique a inventées pour elles.

Oui, tout cela est logique. Quand on veut unifier le monde entier au nom d'une théorie, il n'est pas d'autres voies que de rendre ce monde aussi décharné, aveugle et sourd que la théorie elle-même. Il n'est pas d'autres voies que de couper les racines mêmes qui attachent l'homme à la vie et à la nature. Et ce n'est pas un hasard si l'on ne trouve pas de paysages dans la grande littérature européenne depuis Dostoïevski. Ce n'est pas un hasard si les livres significatifs d'aujourd'hui, au lieu de s'intéresser aux nuances du cœur et aux vérités de l'amour, ne se passionnent que pour les juges, les procès et la mécanique des accusations, si au lieu d'ouvrir les fenêtres sur la beauté du monde, on les y referme avec soin sur l'angoisse des solitaires. Ce n'est pas un hasard si le philosophe qui inspire aujourd'hui toute la pensée européenne est celui qui a écrit que seule la ville moderne permet à l'esprit de prendre conscience de lui-même et qui est allé jusqu'à dire que la nature est abstraite et que la raison seule est concrète. C'est le point de vue de Hegel, en effet, et c'est le point de départ d'une immense aventure de l'intelligence, celle qui finit par tuer toutes choses. Dans le grand spectacle de la nature, ces esprits ivres ne voient plus rien qu'eux-mêmes. C'est l'aveuglement dernier.

Pourquoi aller plus loin ? Ceux qui connaissent les villes détruites de l'Europe savent ce dont je parle. Elles offrent l'image de ce monde décharné, efflanqué d'orgueil, où le long d'une monotone apocalypse, des fantômes errent à la recherche d'une amitié perdue, avec la nature et avec les êtres. Le grand drame de l'homme d'Occident, c'est qu'entre lui et son devenir historique, ne s'interposent plus ni les forces de la nature ni celles de l'amitié. Ses racines coupées, ses bras desséchés, il se confond déjà avec les potences qui lui sont promises. Mais du moins, arrivé à ce comble de déraison, rien ne doit nous empêcher de dénoncer la duperie de ce siècle qui fait mine de courir après l'empire de la raison, alors qu'il ne cherche que les raisons d'aimer qu'il a perdues. Et nos écrivains le savent bien qui finissent tous par se réclamer de ce succédané malheureux et décharné de l'amour, qui s'appelle la morale. Les hommes d'aujourd'hui peuvent peut-être tout maîtriser en eux, et c'est leur grandeur. Mais il est au moins une chose que la plupart d'entre eux ne pourront jamais retrouver, c'est la force d'amour qui leur a été enlevée. Voilà pourquoi ils ont honte, en effet. Et il est bien juste que les artistes partagent cette honte puisqu'ils y ont contribué. Mais qu'ils sachent dire au moins qu'ils ont honte d'eux-mêmes et non pas de leur métier.

Car tout ce qui fait la dignité de l'art s'oppose à un tel monde et le récuse. L'œuvre d'art, par le seul fait qu'elle existe, nie les conquêtes de l'idéologie. Un des sens de l'histoire de demain est la lutte, déjà commencée, entre les conquérants et les artistes. Tous deux se proposent pourtant la même fin. L'action politique et la création sont les deux faces d'une même révolte contre les désordres du monde. Dans les deux cas, on veut donner au monde son unité. Et longtemps la cause de l'artiste et celle du novateur politique ont été confondues. L'ambition de Bonaparte est la même que celle de Goethe. Mais Bonaparte nous a laissé le tambour dans les lycées et Goethe les *Élégies romaines*. Mais depuis que les idéologies de l'efficacité, appuyées sur la technique, sont intervenues, depuis que par un subtil mouvement, le révolutionnaire est devenu conquérant, les deux courants de pensée divergent. Car ce que cherche le conquérant de droite ou de gauche, ce n'est pas l'unité qui est avant tout l'harmonie des contraires, c'est la totalité, qui est l'écrasement des différences. L'artiste distingue là où le conquérant nivelle. L'artiste qui vit et crée au niveau de la chair et de la passion, sait que rien n'est simple et que l'autre existe. Le conquérant veut que l'autre n'existe pas, son monde est un monde de maîtres et d'esclaves, celui-là même où nous vivons. Le monde de l'artiste est celui de la contestation vivante et de la compréhension. Je ne connais pas une seule grande œuvre qui se soit édifiée sur la seule haine, alors que nous connaissons les empires de la haine. Dans un temps où le conquérant, par la logique même de son attitude, devient exécuteur et policier, l'artiste est forcé d'être réfractaire. En face de la société politique contemporaine, la seule attitude cohérente de l'artiste, ou alors il lui faut renoncer à l'art, c'est le refus sans concession. Il ne peut être, quand même il le voudrait, complice de ceux qui emploient le langage ou les moyens des idéologies contemporaines.

Voilà pourquoi il est vain et dérisoire de nous demander justification et engagement. Engagés, nous le sommes, quoique involontairement. Et, pour finir, ce n'est pas le combat qui fait de nous des artistes, mais l'art qui nous contraint à être des combattants. Par sa fonction même, l'artiste est le témoin de la liberté, et c'est une justification qu'il lui arrive de payer cher. Par sa fonction même, il est engagé dans la plus inextricable épaisseur de l'histoire, celle où étouffe la chair même de l'homme. Le monde étant ce qu'il est, nous y sommes engagés quoi que nous en ayons, et nous sommes par nature les ennemis des idoles abstraites qui y triomphent aujourd'hui, qu'elles soient nationales ou partisanes. Non pas au nom de la morale et de la vertu, comme on essaie de le faire croire, par une duperie supplémentaire. Nous ne sommes pas des vertueux. Et à voir l'air anthropométrique que prend la vertu chez nos réformateurs, il n'y a pas à le regretter. C'est au nom de la passion de l'homme pour ce qu'il y a d'unique en l'homme, que

nous refuserons toujours ces entreprises qui se
couvrent de ce qu'il y a de plus misérable dans la
raison.

Mais ceci définit en même temps notre solidarité à
tous. C'est parce que nous avons à défendre le droit à
la solitude de chacun que nous ne serons plus jamais
des solitaires. Nous sommes pressés, nous ne pouvons pas œuvrer tout seuls. Tolstoï a pu écrire, lui,
sur une guerre qu'il n'avait pas faite, le plus grand
roman de toutes les littératures. Nos guerres à nous
ne nous laissent le temps d'écrire sur rien d'autre que
sur elles-mêmes et, dans le même moment, elles
tuent Péguy et des milliers de jeunes poètes. Voilà
pourquoi je trouve, par-dessus nos différences qui
peuvent être grandes, que la réunion de ces hommes,
ce soir, a du sens. Au-delà des frontières, quelquefois sans le savoir, ils travaillent ensemble aux mille
visages d'une même œuvre qui s'élèvera face à la
création totalitaire. Tous ensemble, oui, et avec eux,
ces milliers d'hommes qui tentent de dresser les
formes silencieuses de leurs créations dans le tumulte
des cités. Et avec eux, ceux-là mêmes qui ne sont pas
ici et qui par la force des choses nous rejoindront un
jour. Et ces autres aussi qui croient pouvoir travailler
pour l'idéologie totalitaire par les moyens de leur art,
alors que dans le sein même de leur œuvre la
puissance de l'art fait éclater la propagande, revendi-
que l'unité dont ils sont les vrais serviteurs, et les
désigne à notre fraternité forcée en même temps qu'à
la méfiance de ceux qui les emploient provisoirement.

Les vrais artistes ne font pas de bons vainqueurs
politiques, car ils sont incapables d'accepter légère-

ment, ah, je le sais bien, la mort de l'adversaire ! Ils
sont du côté de la vie, non de la mort. Ils sont les
témoins de la chair, non de la loi. Par leur vocation,
ils sont condamnés à la compréhension de cela même
qui leur est ennemi. Cela ne signifie pas, au
contraire, qu'ils soient incapables de juger du bien et
du mal. Mais, chez le pire criminel, leur aptitude à
vivre la vie d'autrui leur permet de reconnaître la
constante justification des hommes, qui est la douleur. Voilà ce qui nous empêchera toujours de
prononcer le jugement absolu et, par conséquent, de
ratifier le châtiment absolu. Dans le monde de la
condamnation à mort qui est le nôtre, les artistes
témoignent pour ce qui dans l'homme refuse de
mourir. Ennemis de personne, sinon des bourreaux !
Et c'est ce qui les désignera toujours, éternels
Girondins, aux menaces et aux coups de nos Monta-
gnards en manchettes de lustrine. Après tout, cette
mauvaise position, par son incommodité même, fait
leur grandeur. Un jour viendra où tous le reconnaîtront, et, respectueux de nos différences, les plus
valables d'entre nous cesseront alors de se déchirer
comme ils le font. Ils reconnaîtront que leur vocation
la plus profonde est de défendre jusqu'au bout le
droit de leurs adversaires à n'être pas de leur avis. Ils
proclameront, selon leur état, qu'il vaut mieux se
tromper sans assassiner personne et en laissant parler
les autres que d'avoir raison au milieu du silence et
des charniers. Ils essaieront de démontrer que si les
révolutions peuvent réussir par la violence, elles ne
peuvent se maintenir que par le dialogue. Et ils
sauront alors que cette singulière vocation leur crée la
plus bouleversante des fraternités, celle des combats

douteux et des grandeurs menacées, celle qui, à
travers tous les âges de l'intelligence, n'a jamais
cessé de lutter pour affirmer contre les abstractions
de l'histoire ce qui dépasse toute histoire, et qui est la
chair, qu'elle soit souffrante ou qu'elle soit heureuse.
Toute l'Europe d'aujourd'hui, dressée dans sa
superbe, leur crie que cette entreprise est dérisoire et
vaine. Mais nous sommes tous au monde pour
démontrer le contraire.

AVANT-PROPOS.      13

LA LIBÉRATION DE PARIS.      15

     *Le sang de la liberté*      17
     *La nuit de la vérité*      19
     *Le temps du mépris*      21

LE JOURNALISME CRITIQUE.      25

     *Critique de la nouvelle presse*      27
     *Le journalisme critique*      30
     *Autocritique*      33

MORALE ET POLITIQUE.      37

     *8 septembre 1944*      39
     *7 octobre 1944*      41
     *12 octobre 1944*      45
     *29 octobre 1944*      48
     *4 novembre 1944*      50
     *24 novembre 1944*      53
     *26 décembre 1944*      55

*11 janvier 1945*                                          58

*27 juin 1945*                                             62

*30 août 1945*                                             65

*8 août 1945*                                              67

LA CHAIR.                                                  71

*27 octobre 1944*                                          73

*22 décembre 1944*                                         76

*2 janvier 1945*                                           79

*17 mai 1945*                                              82

*19 mai 1945*                                              85

PESSIMISME ET TYRANNIE.                                    89

*Le pessimisme et le courage*                              91

*Défense de l'intelligence*                                94

DEUX ANS APRÈS.                                           101

*Démocratie et modestie*                                  103

*La contagion*                                            105

*Anniversaire*                                            109

*Rien n'excuse cela*                                      112

NI VICTIMES NI BOURREAUX.                                 115

*Le siècle de la peur*                                    117

*Sauver les corps*                                        121

*Le socialisme mystifié*                                  124

*La révolution travestie*                                 127

*Démocratie et dictature internationales*                131

*Le monde va vite*                                        135

*Un nouveau contrat social*    138
*Vers le dialogue*    143

DEUX RÉPONSES
À EMMANUEL D'ASTIER DE LA VIGERIE.    147
    *Première réponse*    149
    *Deuxième réponse*    161

L'INCROYANT ET LES CHRÉTIENS    169
TROIS INTERVIEWS    179
POURQUOI L'ESPAGNE ?    193
LE TÉMOIN DE LA LIBERTÉ    203

# DU MÊME AUTEUR

*Aux Éditions Gallimard*

L'ENVERS ET L'ENDROIT, *essai* (Folio essai n° 41).

NOCES, *essai* (Folio n° 16).

L'ÉTRANGER, *roman* (Folio n° 2 et Folio Plus n° 10).

LE MYTHE DE SISYPHE, *essai* (Folio essai n° 11).

LE MALENTENDU *suivi de* CALIGULA, *théâtre* (Folio n° 64 et Folio théâtre n° 6 et n° 18).

LETTRE À UN AMI ALLEMAND (Folio n° 2226).

LA PESTE, *récit* (Folio n° 42 et Folio Plus n° 21).

L'ÉTAT DE SIÈGE, *théâtre* (Folio théâtre n° 52).

ACTUELLES : (Folio essai n° 305 et n° 400).

    I - Chroniques 1944-1948.
    II - Chroniques 1948-1953.
    III - Chroniques algériennes 1939-1958.

LES JUSTES, *théâtre* (Folio n° 477).

L'HOMME RÉVOLTÉ, *essai* (Folio essai n° 15).

L'ÉTÉ, *essai* (Folio n° 16).

LA CHUTE, *récit* (Folio n° 10 et Folio Plus n° 36).

L'EXIL ET LE ROYAUME, *nouvelles* (Folio n° 78).

JONAS OU L'ARTISTE AU TRAVAIL, *suivi de* LA PIERRE QUI POUSSE, *extraits de* L'EXIL ET LE ROYAUME (Folio à 2 €, n° 3788).

DISCOURS DE SUÈDE (Folio n° 2919).

CARNETS :

    I - Mai 1935-février 1942.
    II - Janvier 1942-mars 1951.
    III - Mars 1951-décembre 1959.

JOURNAUX DE VOYAGE.

CORRESPONDANCE AVEC JEAN GRENIER.

*Adaptations théâtrales*

LA DÉVOTION À LA CROIX de Pedro Calderón de la Barca.

LES ESPRITS de Pierre de Larivey.

REQUIEM POUR UNE NONNE de William Faulkner.

LE CHEVALIER D'OLMEDO de Lope de Vega.

LES POSSÉDÉS de Dostoïevski.

*Cahiers Albert Camus*

    I - LA MORT HEUREUSE, *roman.*

   II - Paul Viallaneix : *Le premier Camus*, suivi d'*Écrits de jeunesse d'Albert Camus.*

  III - *Fragments d'un combat* (1938-1940) - Articles d'*Alger Républicain.*

  IV - CALIGULA (version de 1941), *théâtre.*

   V - *Albert Camus : œuvre fermée, œuvre ouverte?* Actes du colloque de Cerisy (juin 1982).

  VI - Albert Camus éditorialiste à *L'Express* (mai 1955-février 1956).

 VII - LE PREMIER HOMME (Folio n° 3320).

VIII - Camus à « Combat », éditoriaux et articles (1944-1947).

*Bibliothèque de la Pléiade*

THÉÂTRE, RÉCITS ET NOUVELLES.

ESSAIS.

*En collaboration avec Arthur Koestler*

RÉFLEXIONS SUR LA PEINE CAPITALE *essai* (Folio n° 3609).

   *À l'Avant-Scène*

UN CAS INTÉRESSANT, adaptation de Dino Buzzati, *théâtre.*

*Impression Bussière Camedan Imprimeries*
*à Saint-Amand (Cher),*
*le 20 janvier 2003.*
*Dépôt légal : janvier 2003.*
*1ᵉʳ dépôt légal dans la collection : février 1997.*
*Numéro d'imprimeur : 030190/1.*
ISBN 2-07-032973-9/Imprimé en France.